de Gruyter Lehrbuch

Hambeck · Programmieren in COBOL

Einführung in das

Programmieren in COBOL

von

Klaus Hambeck

Walter de Gruyter · Berlin · New York 1973

Satz: Günter Lütze, Reutlingen – Druck: Mercedes-Druck, Berlin – Printed in Germany

ISBN 3 11 003625 8
Library of Congress Catalog Card Number 72 - 76038

Vorwort

Die Anwendung von Elektronischen Datenverarbeitungsanlagen in fast allen Bereichen unseres täglichen Lebens ist nahezu selbstverständlich geworden. Neben der immer weiter fortschreitenden Technologie ist vor allem der wirtschaftliche Einsatz der Anlagen für die Anwender von Interesse. Dabei spielt die Zeitspanne von der Formulierung eines Problems bis zu seiner Lösung eine wesentliche Rolle. Das Streben nach Einfachheit und Kompatibilität in ihrer Anwendung ließ die heute verbreiteten höheren Programmiersprachen entstehen.
In dem vorliegenden Buch wird die problemorientierte Programmiersprache COBOL (COmmon Business Oriented Language) behandelt. Sie eignet sich besonders für kommerzielle Anwendungen, was jedoch ihren Einsatz auf teilweise verwandten Gebieten nicht ausschließen soll.
Dieses Buch soll dem Leser, welcher noch keine Erfahrung in der Programmierung gesammelt hat, ein ausbaufähiges Wissen über COBOL vermitteln, um seine fachlichen Probleme anhand dieser Sprache von einer Elektronischen Rechenanlage bearbeiten zu lassen. Der Text vermittelt grundlegende Kenntnisse über EDV-Anlagen, wie sie zum Verständnis von COBOL benötigt werden, und führt den Leser über fortlaufend schwieriger werdende Beispielaufgaben in die gebräuchlichsten Anwendungen von COBOL ein. Der Band ist als Lehrbuch und vor allem auch für den Selbstunterricht gedacht. Durch die kurzgefaßten Formatangaben der einzelnen COBOL-Befehle soll er darüber hinaus eine Hilfe sein für den Programmierer, der sich nur eben einmal unklar über die Auslegung und den Gebrauch eines COBOL-Befehlswortes ist.
Die Gestaltung des Stoffes ist in Kursen entstanden, welche der Verfasser bei verschiedenen Fachschulen für Datenverarbeitung und Firmen abgehalten hat.
Mein Dank gilt der GfS, Gesellschaft für Systementwicklung in München sowie allen denjenigen, welche durch Anregungen und Diskussionen indirekt an diesem Buch mitgewirkt haben. Dem Verlag gilt mein Dank für das zum Zustandekommen dieses Buches entgegengebrachte Interesse und die gute Zusammenarbeit.

München, im Januar 1973 Klaus Hambeck

Inhaltsverzeichnis

1. Einführung 1
1.1 Geschichtliches 1
1.2. Allgemeines über elektronische Datenverarbeitungsanlagen . . . 3
1.2.1. Informationsdarstellung 5
1.2.2. Programmiersprachen 5
1.2.3. Programmablaufplan 8

2. Allgemeines über die COBOL-Sprache 11
2.1. In der COBOL-Sprache verwendete Zeichen 11
2.2. Wortkategorien in der COBOL-Sprache 12
2.2.1. COBOL-Wörter 12
2.2.2. Programmier-Wörter 13
2.3 Bedeutung der in diesem Buch vorgenommenen Schreibweise . 17
2.4. COBOL-Programmschema 19

3. Aufbau der COBOL-Sprache 21
3.1. IDENTIFICATION DIVISION (Erkennungsteil) 21
3.2. ENVIRONMENT DIVISION (Maschinenteil) 23
3.3 DATA DIVISION (Datenteil) 24
3.3.1. Stufenkonzept 25
3.3.1.1. Datensatzerklärung 25
3.3.1.2. Datenelementerklärung 27
3.3.1.3. Bedingungsnamen 27
3.3.2. PICTURE-Klausel 28
3.3.3. USAGE-Klausel 30
3.3.4. VALUE-Klausel 36
3.3.5. FILE-SECTION 37
3.3.5.1. Dateierklärung 38
3.3.6. WORKING-STORAGE SECTION 42
3.3.7. LINKAGE SECTION 43
3.4. PROCEDURE DIVISION (Prozedurteil) 44

4. Programmierung in COBOL (sequentielle Verarbeitung) 45
4.1. Aufgabe 1 45
4.1.1. Marken 48
4.1.2. OPEN – Befehlswort 48
4.1.3. CLO SE – Befehlswort 48
4.1.4. READ- und WRITE – Befehlswort 49
4.1.5. GO TO – Befehlswort 50

4.1.6. MOVE – Befehlswort (einfache Darstellung) 50
4.1.7. STOP – Befehlswort 52
4.1.8. COBOL - Begriffe 52
4.1.9. Erklärungen zu Aufgabe 1 53
4.2. Aufgabe 2 55
4.2.1. FILLER 56
4.2.2. Konstante Wertzuweisungen 57
4.2.2.1. Figurative Konstanten 57
4.2.3. Druckaufbereitung 59
4.2.4. Programmablaufplan zu Aufgabe 2 63
4.2.5. IF – Befehlswort 65
4.2.6. Zeilensteuerung 70
4.2.7. Programmierung der Aufgabe 2 71
4.3. Aufgabe 3 73
4.3.1. ADD – Befehlswort 73
4.3.2. SUBTRACT – Befahlswort 77
4.3.3. MULTYPLY – Befehlswort 78
4.3.4. DIVIDE – Befehlswort 79
4.3.5. COMPUTE – Befehlswort 80
4.3.6. Erklärungen zu Aufgabe 3 81
4.3.6.1. COBOL-Anweisung 81
4.3.6.2. COBOL-Programmsatz 81
4.3.6.3. COBOL-Paragraph 82
4.3.6.4. COBOL-Kapitel 83
4.3.6.5. PERFORM – Befehlswort 84
4.3.6.6. Abänderung der Aufgabe 3 in Aufgabe 3 a 86
4.4. Weitere COBOL-Befehlswörter und deren Anwendung 87
4.4.1. MOVE – Befehlswort (erweiterte Darstellung) 87
4.4.2. DISPLAY – Befehlswort 91
4.4.3. ACCEPT – Befehlswort 92
4.4.4. ALTER – Befehlswort 93
4.4.5. EXAMINE – Befehlswort 94
4.4.6. NOTE – Befehlswort 97
4.4.7. Fortsetzung von nichtnumerischen Literalen 97
4.5. Aufgabe 4 (Rechnungsschreibung) 98
4.5.1. Erklärungen zu Aufgabe 4 100
4.6. OCCURS-Klausel 100
4.6.1. Subskribierung 107
4.6.2. Indizierung 110
4.6.3. Programmschleifen 113

4.6.4. Aufgabe 5 (Tabellenverarbeitung) 114
4.7. Übungsaufgaben (sequentielle Verarbeitung) 116
4.7.1. Übung 1 (Bestandsfortschreibung) 116
4.7.2. Übungs 2 (Lohnsteuerberechnung) 118

5. Programmierung in COBOL (Indexsequentieller Teil) 121
5.1. Indexsequentielle Dateibehandlung (Index-Methode) 121
5.1.1. Erstellen einer Index-Datei 121
5.1.2. Sequentielle Verarbeitung einer Index-Datei 122
5.1.3. Wahlfreie Verarbeitung einer Index-Datei 124
5.2. Aufgabe 6 (Erstellen einer Index-Datei) 125
5.3. Aufgabe 7 (Rechnungsschreibung mit indexsequentieller Verarbeitung) 127
5.4. Übungsaufgaben (indexsequentielle Verarbeitung) 132
5.4.1. Übung 3 (Änderungsdienst) 132
5.4.2. Übung 4 (Reorganisieren einer Index-Datei)1.............. 133

6. Unterprogramme 134
6.1. ENTER – Befehlswort 135
6.2 LINKAGE SECTION 137
6.3 Programmierung von Unterprogrammen 138
6.3.1. Aufgabe 8 (Längenberechnung mit Unterprogramm) 138

Anhang A 144
Anhang B 150
Anhang C 153
Anhang D 160
Stichwortverzeichnis 161

1. Einführung

Diese Einführung soll dem Leser einen Überblick über die Programmiersprache COBOL (Common Business Oriented Language) vermitteln, wie er benötigt wird, um die Kapitel 2 bis 6 vollständig und ohne große Schwierigkeiten zu verstehen. Es wird in diesem Abschnitt sowohl auf die geschichtliche Entwicklung von COBOL eingegangen sowie auf das zur Beherrschung einer Programmiersprache wie COBOL notwendige Anfangswissen über den Aufbau und die Arbeitsweise einer „Elektronischen Datenverarbeitungs-Anlage" (EDV-Anlage).
Dieses Buch ist im wesentlichen als Lehrbuch gedacht, mit dessen Hilfe ein Lernender, der bis dato noch nichts Umfassendes über COBOL erfahren hat, ein allgemein gehobenes und ausbaufähiges Programmierwissen über diese Sprache erlangen kann. Aus diesem Grunde sind alle zu sehr speziellen Anwendungen in COBOL nicht in dieses Buch aufgenommen worden, um mehr Raum für diejenigen Anwendungen zu bekommen, welche auf jeden Fall zum Grundwissen eines COBOL Programmierers gehören sollten.

1.1. Geschichtliches

Am 28. und 29. Mai 1959 wurde im Pentagon zu Washington eine Sitzung abgehalten, um *zu erörtern, ob es wünschenswert und durchführbar sei, eine allgemeine Programmiersprache für elektronische Datenverarbeitungsanlagen für kommerzielle Anwendungsgebiete zu schaffen.* Auf dieser Sitzung waren sowohl die Vertreter von Anwendern als auch von Rechnerherstellern anwesend und man kam überein, daß dieses Projekt in Angriff genommen werden solle.
Bald darauf wurde die *Conference On DAta SYstems Languages* (CODASYL) gegründet, welche, unterteilt in das eigentliche COBOL-Komitee und ein COBOL-Wartungs-Komitee, bis zum September 1959 eine Sprache definierte, welche den bis dahin bekannten Sprachübersetzungssystemen „FLOWMATIC", „AIMACO" und „Commercial Translator" überlegen war. Dieses Produkt wurde im April 1960 unter folgendem Titel veröffentlicht:

> „COBOL, A Report to the Conference on Data
> Systems Languages, including Initial
> Specifications for a Common Business
> Oriented Language (COBOL) for Pro-
> gramming Electronic Digital Computers."

Die in diesem Bericht beschriebene Sprache wurde als „COBOL-60" bekannt.

Die weiteren Stationen dieser für kommerzielle Zwecke geeigneten Programmiersprache waren das vom COBOL-Wartungs-Komitee im Jahre 1961 herausgegebene COBOL-61-Handbuch, welches wesentliche Verbesserungen gegenüber „COBOL-60" enthielt. Dasselbe Komitee veröffentlichte Mitte 1963 „COBOL-61-Extended", welches wiederum Erweiterungen und Änderungen gegenüber „COBOL-61" enthielt.
Im Jahre 1964 wurde die 1959 gegründete Organisation CODASYL umstrukturiert und in die heutige, aus Abb. 1 ersichtliche Form gebracht. Zugleich wurde die letzte bis zum heutigen Zeitpunkt geltende Version „COBOL-65" vorgestellt, welche als wesentlichste Änderung bzw. Erweiterung gegenüber „COBOL-61-Extended" das Verarbeiten von Großspeicherdateien enthält.

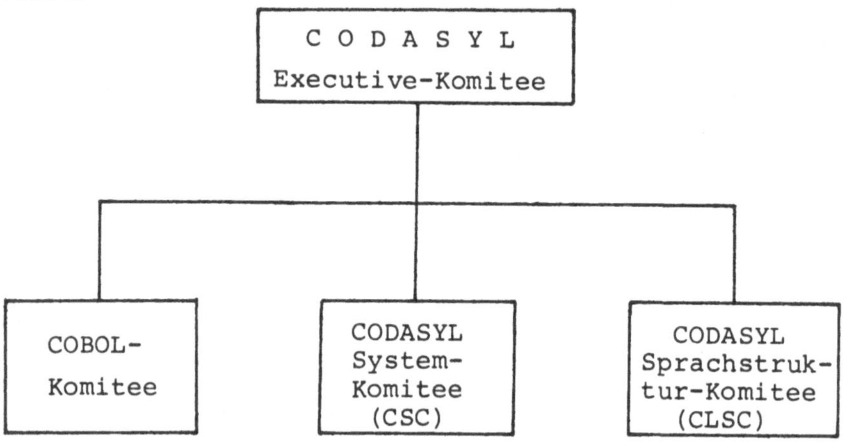

Abb. 1: Organisation „Conference On Data System Languages" CODASYL.

Für die weitere Entwicklung und Änderung von COBOL ist das COBOL-Komitee zuständig. Fragen und Vorschläge für solche weiteren Entwicklungen können dem CODASYL-Executive-Komitee zur Weiterleitung an das COBOL-Komitee unterbreitet werden.
Seit 1963 werden Bemühungen angestrebt, eine COBOL-Norm zu definieren. Die an dieser Aufgabe beteiligten Institutionen sind:

a) American Standards Association (ASA)
b) European Computer Manufacturers Association (ECMA)
c) International Organisation for·Standards (ISO).

Im August 1968 erschien die bisher einzige, standardisierte COBOL-Fassung, herausgegeben von der American Standards Association unter dem Titel „USA Standard COBOL".

Die Hersteller von COBOL-Übersetzern haben sich seitdem im wesentlichen an diese Normen gehalten, so daß keine schwerwiegenden Unterschiede beim Testen eines COBOL-Programms auf unterschiedlichen EDV-Anlagen zu beachten sind. Die in diesem Buch gezeigten Anweisungen und Anwendungen haben darum für die verschiedensten, auf dem Markt befindlichen Anlagen Gültigkeit. Es ist jedoch ratsam, bei der Lösung eines Problems auf die von den einzelnen Herstellern herausgegebenen COBOL-Broschüren zurückzugreifen.

1.2. Allgemeines über elektronische Datenverarbeitungsanlagen

Schon im Jahre 1833 entwickelte der Engländer Charles Babbage das Konzept einer Rechenanlage, bei welcher er die Grundeinheiten unserer heutigen modernen EDV-Anlagen (s. Abb. 2) festlegte. Seine Idee, diese Rechenanlage herzustellen, scheiterte jedoch an dem Stand der damaligen Technik.
Erst in den Jahren 1936 - 1941 gelang es dem Deutschen Konrad Zuse, eine EDV-Anlage zu entwickeln und zu bauen.
In kurzen Zeitabständen danach entstanden von anderen Herstellern mehrere Rechenanlagen, die jedoch noch wenig leistungsfähig und vor allem sehr störungsanfällig waren. Die Auslieferung dieser Anlagen (der sogenannten „Ersten Generation") an private Benutzer erfolgte etwa ab 1950. Die „Zweite

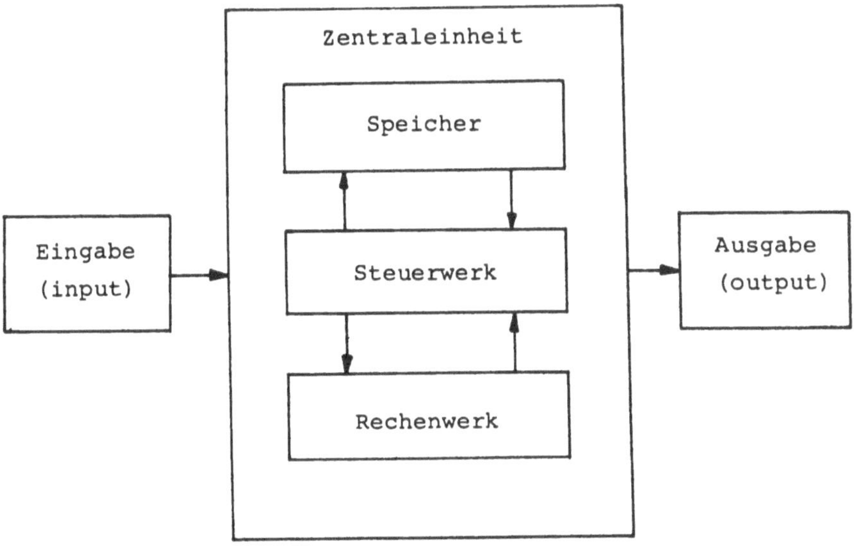

Abb. 2: Prinzipieller Aufbau einer Elektronischen Rechenanlage

Generation" der EDV-Anlagen begann mit dem Jahr 1957 und hatte als grundlegende Änderung einen Schaltungsaufbau aus Transistoren (bei der 1. Generation waren es Elektronenröhren). Heute spricht man von der „Dritten Generation", welche etwa im Jahre 1964 begann und als wesentliches Merkmal einen Schaltungsaufbau aus integrierten Schaltkreisen (Monolith-Technik) aufweist. Im Prinzip besitzt jede Elektronische Rechenanlage den in Abb. 2 dargestellten Aufbau.

Die aus Steuerwerk, Rechenwerk und Speicher bestehende Einheit heißt Zentraleinheit und liegt in jeder EDV-Anlage fest verdrahtet (hardwaremäßig) vor. Die Ein- und Ausgabegeräte sind der Zentraleinheit über spezielle Kanäle zugeordnet.[1]

Ein mehr oder weniger großer Teil des Speichers wird dazu benutzt, ein in den meisten Fällen vom Hersteller bereitgestelltes Betriebssystem (Software-Paket) aufzunehmen. Nur der Rest der Speicherzellen steht dem Anwender (Programmierer) zur Lösung seiner Aufgaben und Probleme zur Verfügung.

Man spricht bei Kapazitätsangaben eines Kernspeichers von n x K – Worten bzw. n x K – Bytes,[2] wobei mit K (= Kilo) in diesem Fall die Zahl $2^{10} = 1024$ gemeint ist (s. Abb. 3).

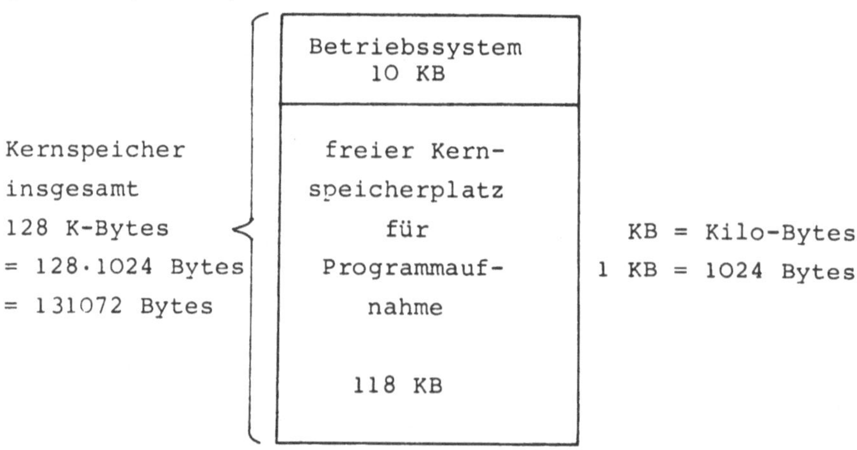

Abb. 3: Beispiel eines Kernspeicherausbaues

1 Dworatschek, S.: Einführung in die Datenverarbeitung. 4. Aufl. Berlin 1971.
2 „n" entspricht einer ganzen Zahl

1.2.1. Informationsdarstellung

Die heutigen EDV-Anlagen unterscheiden sich in zwei Arten der internen Informationsabspeicherung:

1. Feste Wortlänge
2. Variable Wortlänge.

Da der Speicher der Zentraleinheit aus Elementen besteht, die jeweils nur zwei Zustände annehmen können, z.B. magnetisch oder unmagnetisch, mußte man jede Information durch einen Code darstellen, welcher nur diese beiden Zustände benutzt.

Man nennt solche Zeichen, welche nur zwei bestimmte Zustände annehmen können *binär = zweiwertig.* Zur Darstellung eines Binärzeichens werden die Zeichen 0 und 1 (bzw. O und L) verwendet, welche als Abkürzung *'bit'* (aus engl. *binary digit*) genannt werden. Das bit ist also die kleinste Informationseinheit einer Elektronischen Rechenanlage.

Da mit einem bit jeweils nur die Zustände 0 oder 1 dargestellt werden können, war es notwendig, einen Code zu schaffen, mit welchem durch gewisse Kombinationen mit weiteren bits diejenigen Zeichen dargestellt werden können, welche zur Verarbeitung in einer EDV-Anlage benötigt werden.

Der am häufigsten angewendete Code ist der EBCDI-Code (Extended Binary Coded Decimal Interchange Code), welcher durch eine Kombination von 8 bit jeweils ein Zeichen (Charakter) verschlüsselt (Abb. 4). Diese Zeichen (jeweils 8 bit) können nach Bedarf variabel zusammengefaßt werden = *variabler* Wortlänge oder aber in einer maschinenabhängigen *festen* Wortlänge verarbeitet werden.

Rechenanlagen mit variabler Wortlänge zeichnen sich normalerweise durch eine bessere Ausnutzung des Kernspeichers aus. Anlagen mit fester Wortlänge können dagegen eine höhere Verarbeitungsgeschwindigkeit erreichen.

1.2.2. Programmiersprachen

Die ursprüngliche, jeder EDV-Anlage zugeordnete Programmiersprache ist der *Maschinen-Code,* welcher die Information in der Form darstellt, wie die jeweilige Maschine ihn benötigt, um ein Programm direkt auszuführen.

Da dieser Code jedoch für den normalen menschlichen Benutzer, bezogen auf eine Vielfalt von Anwenderaufgaben, unangemessen schwierig zu handhaben ist, wird von den Herstellern ein weiterer, benutzerfreundlicherer Code, der ASSEMBLER, geliefert. Dieser ASSEMBLER ist zum guten Teil nichts anderes als ein durch mnemotechnische Begriffe vereinfachter Maschinencode, der von der Maschine wiederum in den Interncode ($\hat{=}$ Maschinencode) umgesetzt wird, bevor die Abarbeitung ausgeführt werden kann.

Da der ASSEMBLER aber immer noch stark abhängig von der EDV-Anlage ist,

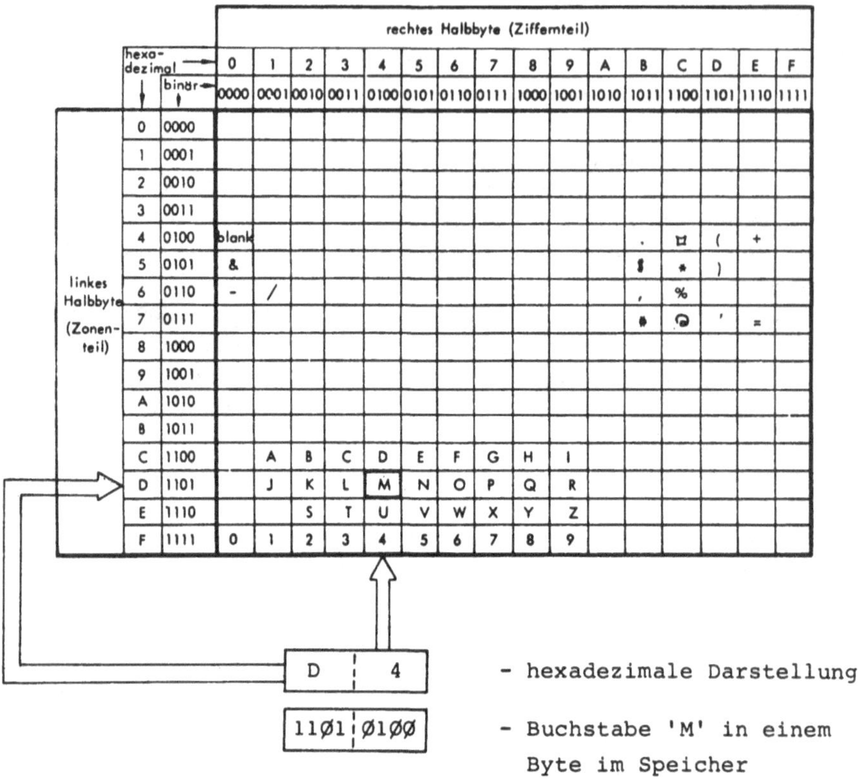

Abb. 4: Vereinfachte Darstellung des EBCDI-Codes (16 Sonderzeichen)

auf welcher ein Programm ablaufen soll und dadurch der normale Anwender immer noch einen erhöhten Aufwand an Verständnis für diese spezielle Rechenanlage benötigt, sind im Laufe der Zeit (etwa ab 1956!) benutzerfreundlichere, sogenannte „höhere“ Programmiersprachen entstanden.
Je nach Aufgabengebiet sind heute verbreitet:

a) *für technisch-wissenschaftliche Probleme:*
ALGOL = Algorithmic Language[3]
FORTRAN = Formula Translation[4]

[3] Bayer, G.: Einführung in das Programmieren in ALGOL. 2. Aufl. Berlin 1971.
[4] Spieß, Wolfgang E. und Friedrich G. Rheingans: Einführung in das Programmieren in FORTRAN. 3. Aufl. Berlin 1972.

b) *für kommerzielle Probleme:*
COBOL = Common Business Oriented Language

c) *für „alle" Probleme:*
PL/1 = Programming Language / One

Alle diese höheren Programmiersprachen sind weitgehend maschinenunabhängig. Der Programmierer muß nur die notwendigsten Kenntnisse über eine

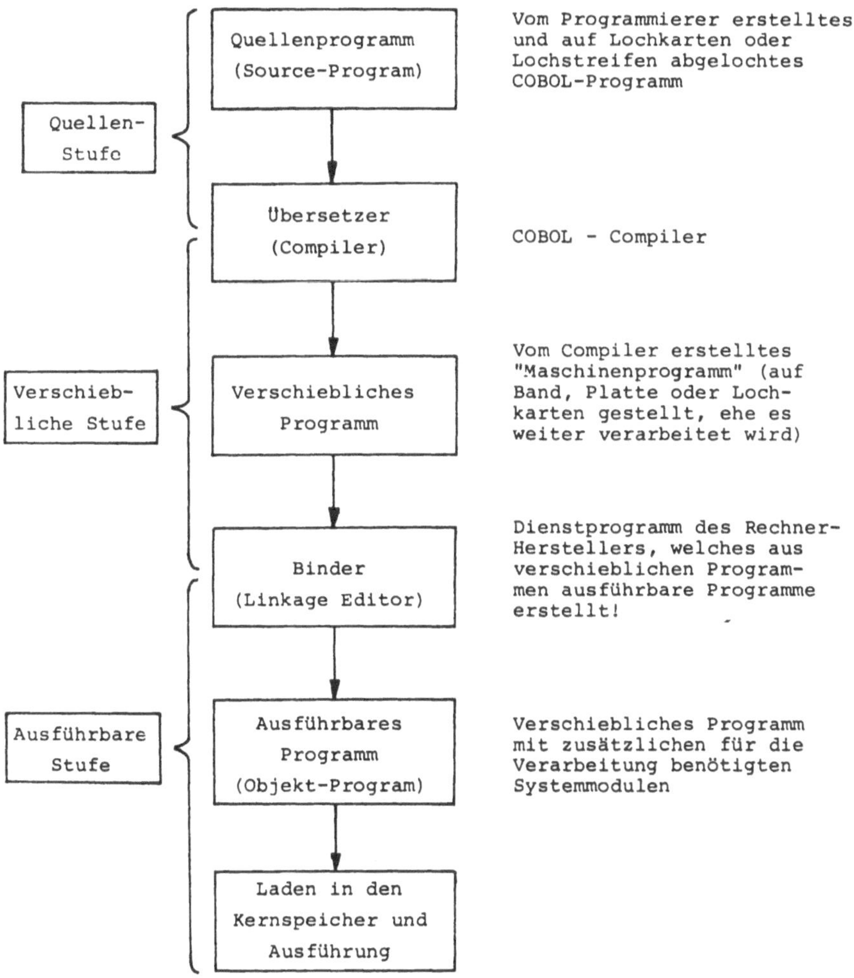

Abb. 5: Auszuführende Programm- bzw. Arbeitsstufen bei der Bearbeitung eines COBOL-Programms

EDV-Anlage besitzen. Die Abb. 5 zeigt die Ausführungsstufen eines in COBOL geschriebenen Programmes.

1.2.3. Programmablaufplan

Jedes Problem, welches man mit einer Datenverarbeitungsanlage lösen möchte, sollte, unabhängig von der verwendeten Programmiersprache, zuerst in die Form eines *Programmablaufplanes* (auch *Flußdiagramm* genannt) gebracht werden. Hierdurch wird nicht nur die anschließende Programmierung erleichtert, sondern vor allen Dingen auch eine Grundlage geschaffen, welche es ermöglicht, später eventuell notwendig werdende Änderungen leichter vornehmen zu können. Auch für einen Programmierer, der ein schon bestehendes Programm weiterführen soll, ist es anhand eines Programmablaufplanes leichter möglich, sich in das gegebene Problem einzuarbeiten.
Zur Erstellung eines solchen Planes haben sich folgende normierte Sinnbilder eingebürgert:

Grenzstelle für Programmanfang, -ende oder Zwischenhalt

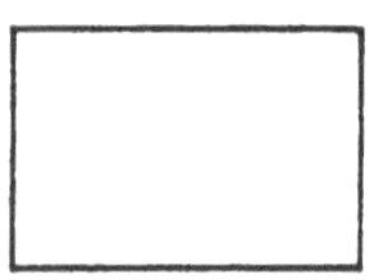

Allgemeine Anweisung (Operation) wie Rechnung, Übertragen, Löschen usw.

Unterprogrammaufruf

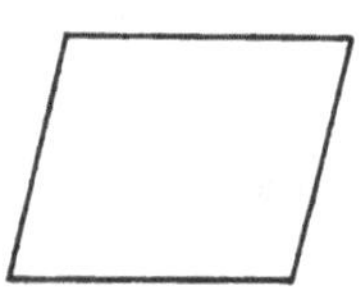

Darstellung von Eingabe oder Ausgabe

Marke: Übergangsstelle oder Paragraph

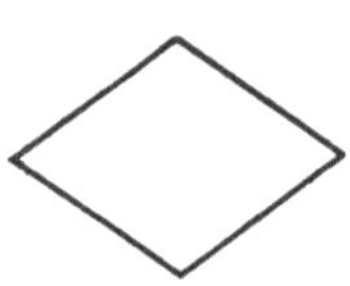

Verzweigung: Änderungsmöglichkeiten des Programmablaufes aufgrund einer Bedingung

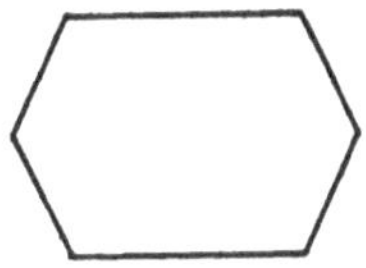

Programm-Modifikation
(z.B. Änderung von Ansprung-
adressen im Programm)

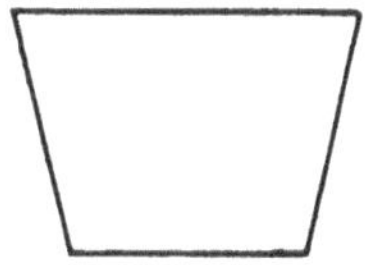

Operation von Hand
(z.B. Eingabe eines Wertes über
den Bedienungsblattschreiber)

Programmablauf nach Erfüllung einer
Bedingung (z.B. AT END)

Mit Ausnahme der Verzweigungsraute haben alle aufgeführten Symbole nur einen Eingang und/oder einen Ausgang. Die Entscheidungsraute besitzt einen Eingang und zwei Ausgänge. Der Programmfortlauf wird durch Verbindungspfeile angezeigt.
Das in Abb. 6 dargestellte einfache Beispiel eines Programmablaufplanes soll die Anwendung der gezeigten Sinnbilder verdeutlichen.
In dem vorliegenden Beispiel werden in zufälliger Reihenfolge liegende Lochkarten aus einem Kartenstapel durch die Eingabeeinheit (Lochkartenleser) eingelesen. Es sollen jedoch nur diejenigen Karten mit der Kartenart KA = 1 verarbeitet werden. Bei KA $\neq$ 1 erfolgt Rücksprung nach A. Die Verarbeitung erfolgt indem

- MENGE und EINZ-PR (Einzelpreis) zu
  einem GES-PREIS (Gesamtpreis)
  verrechnet
- ART-BEZ (Artikelbezeichnung) und
  GES-PREIS ausgedruckt

werden sollen.
Nach der Verarbeitung jeder Karte der KA = 1 wird eine neue Karte eingelesen (Rücksprung zu A). Bei Ende (AT END) des Kartenstapels wird nach Programmende (ENDE) verzweigt, was durch die gestrichelte Linie angezeigt wird.

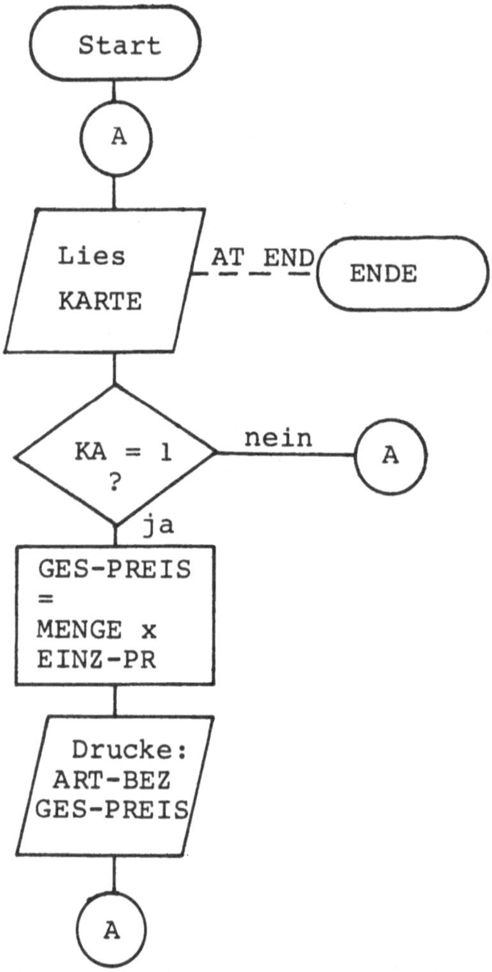

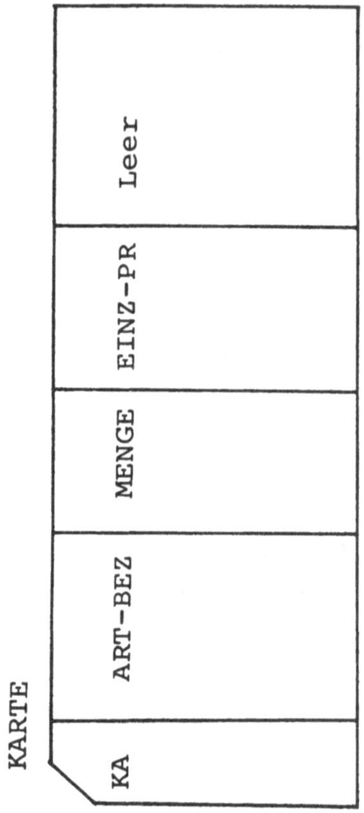

Abb. 6: Beispiel eines Programmablaufplanes

2. Allgemeines über die COBOL-Sprache

Jedes COBOL-Programm besteht aus folgenden vier Teilen (DIVISIONS), welche in den Abschnitten 3 bis 6 eingehender behandelt werden:

IDENTIFICATION DIVISION	(Erkennungsteil)
ENVIRONMENT DIVISION	(Maschinenteil)
DATA DIVISION	(Datenteil)
PROCEDURE DIVISION	(Prozedurteil)

Diese vier Teile sind zwingend vorgeschrieben und müssen in der genannten Reihenfolge angegeben werden.

2.1. In der COBOL-Sprache verwendete Zeichen

In einem COBOL-Programm sind folgende Zeichen zu verwenden, die in verschiedene, auf ihre Anwendung bezogene Zeichenklassen unterteilt sind:

a) *Für COBOL-Worte und Namen:*

ϕ – 9	Dezimalziffern
A – Z	Buchstaben
–	Bindestrich

b) *Für Interpunktion:*

'	Hochkomma, Apostroph
(	öffnende Klammer
)	schließende Klammer
.	Punkt
,	Komma
;	Semikolon
⊔	Zwischenraum, Leerstelle, blank (Das Zeichen '⊔' symbolisiert eine Leerstelle, wird also nicht abgelocht bzw. ausgedruckt)

c) *In arithmetischen Ausdrücken:*

+	Addition
–	Subtraktion
*	Multiplikation

/	Division
**	Potenzierung

d) *Bei Vergleichsoperationen:*

>	größer als
<	kleiner als
=	gleich

Für diese Zeichen können auch die Begriffe GREATER THAN, LESS THAN und EQUAL TO verwendet werden.

e) *Druckaufbereitungszeichen:*

$	Währungszeichen (Dollar!)
*	Schecksicherungszeichen
.	Punkt zur Darstellung eines Druckdezimalpunktes
,	Komma
Z	Nullenunterdrückungszeichen
B	Einfügung von Zwischenräumen
ϕ	Einfügung von Nullen
+	Vorzeichen, positiv
–	Vorzeichen, negativ
CR	Creditoren-Zeichen
DB	Debitoren-Zeichen

Alle diese Zeichen unterliegen speziellen Anwendungsbedingungen, welche jedoch zu gegebener Zeit näher beschrieben werden.

2.2. Wortkategorien in der COBOL-Sprache

Ein COBOL-Programm ist eine logisch fortlaufende Aneinanderreihung von Wörtern und Bezeichnungen, welche den Programmablauf beschreiben. Hierzu unterscheidet man folgende Kategorien, deren Eigenschaften nun beschrieben werden sollen.

2.2.1. COBOL-Wörter

Ein COBOL-Compiler ist dermaßen aufgebaut, daß er das COBOL-Programm, das den erwünschten Ablauf darstellt, anhand von mnemotechnischen Verschlüsselungen versteht und daraus das für eine EDV-Anlage direkt verständliche Maschinenprogramm erstellt.
Um eine spezielle Verarbeitung anzuzeigen, muß der Programmierer Worte

verwenden, welche in der COBOL-Sprache definiert sind und darum nur für diese Zwecke benutzt werden dürfen.
Es gibt zwei Arten von COBOL-Wörtern:

Schlüsselwörter: Diese Wörter bezeichnen eine spezielle Verarbeitungsform (z.B. MOVE, ADD usw.) bzw. geben dem Compiler eine Information, welche zur Herstellung einer Übersetzung unbedingt erforderlich ist.

Wahlwörter: Sie dienen dazu, ein Programm für den Programmierer lesbarer zu gestalten. Sie haben keinen Einfluß auf den Programmablauf. Das Vorhandensein oder Fehlen eines Wahlwortes ändert nichts an der Interpretation einer Anweisung. Wenn ein Wahlwort verwendet wird, muß es jedoch in der richtigen Schreibweise erfolgen.

Eine umfassende Darstellung aller COBOL-Wörter liegt in Anhang B vor.

Wichtig: Ein COBOL-*Wort darf nicht als eine vom Programmierer gewählte Definition (siehe Programmier-Wörter) erscheinen! Es muß in der Schreibweise dargestellt werden, wie es Anhang B zeigt.*

2.2.2. Programmier-Wörter

Unter Programmier-Wörtern versteht man Wörter, die der Programmierer selbst definieren muß, um Datenfelder zu erhalten, die er in seinem Programm ansprechen will. Dabei dürfen pro Name nicht mehr als 30 Zeichen vergeben werden.
Je nachdem, welche Informationen diese Namen enthalten sollen, unterscheidet man die folgenden Typen:

a) *Datennamen*
Ein solcher Name benennt in der Datenerklärung (DATA DIVISION) angegebene Daten. Er muß aus mindestens einem alphabetischen Zeichen (A – Z) bestehen, welches am Anfang stehen muß. Die folgenden Zeichen können aus den in Abschnitt 2.1.a) beschriebenen Zeichen bestehen. Der Bindestrich darf jedoch nicht am Ende des Namens erscheinen. Ein Datenname wird durch mindestens eine Leerstelle beendet.

Beispiel:	*richtig:*	MENGE
		EINZ-PREIS
		A123
	falsch:	–MENGE
		123A
		PREIS–

b) *Datensatznamen*
Unter diesem Namen ist eine symbolische Bezeichnung zu verstehen, welche der Programmierer für einen logischen Satz (z.B. 1 Karte, 1 Druckzeile, 1 logischer Bandsatz usw.) vergibt.
Ein Datensatzname ist der Oberbegriff für alle in diesem Satz vorkommenden weiteren Unterteilungen, welche durch Datennamen definiert werden (nicht zu verwechseln mit dem später aufgeführten COBOL-Satz!).

Beispiel:

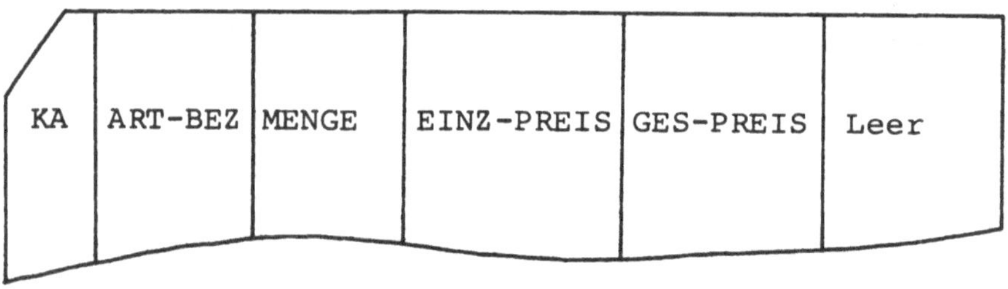

KARTENSATZ → Datensatzname

KA ART-BEZ MENGE EINZ-PREIS GES-PREIS	} Datennamen

Auf die Unterteilung von Datensätzen (Stufenkonzept) wird näher in Abschnitt 3.3.1. eingegangen. Es gelten die gleichen Bildungsgesetze wie bei Datennamen.

c) *Dateinamen*
Dieser Name ist die symbolische Bezeichnung eines Datenbestandes.
Unter einer Datei versteht man eine Ansammlung von Datensätzen auf demselben Speichermedium (z.B. Karten-Datei, Band-Datei, Platten-Datei), jedoch nicht unbedingt gleicher Unterteilung.

Beispiel:

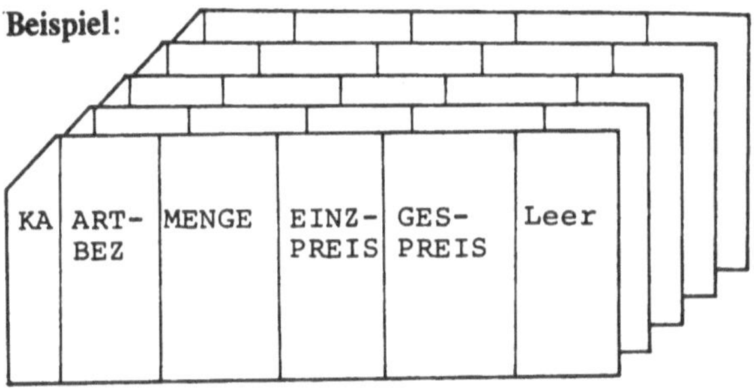

Lochkartendatei
bestehend aus
5 Sätzen (= Karten)

KARTEN-DATEI → Dateiname
KARTENSATZ → Satzname
KA
ART-BEZ
.
.
.
GES-PREIS } Datennamen

Dieser Datenbestand, der durch den Dateinamen, KARTEN-DATEI, beschrieben ist, besteht aus fünf gleichartigen Sätzen (siehe Beispiel, Abb. 6), welche jeweils durch den Satznamen, KARTENSATZ, beschrieben und durch Datennamen weiter unterteilt sind. Die Schreibweise von Dateinamen ist identisch mit denen der Datennamen.

d) *Prozedurnamen* (Marken)
Ein Prozedurname ist die symbolische Bezeichnung eines Programmabschnittes bzw. bezeichnet Einsprungpunkte, um unterschiedliche Programmabläufe zu ermöglichen (siehe Abb. 6, Marke → A). Durch Prozedurnamen kann das Programm in einzelne Kapitel oder Paragraphen unterteilt werden. (Siehe Abschnitt 4.3.6.3)
Ein Prozedurname besteht aus den in Abschnitt 2.1.a) dargestellten Zeichen. Er kann rein numerisch aufgebaut sein, wobei jedoch zu beachten ist, daß zwei Namen nur dann äquivalent sind, wenn sie sowohl in ihrem numerischen Wert als auch in der Anzahl der verwendeten Ziffern übereinstimmen. 123 ist also nicht äquivalent zu ϕ123. Der Prozedurname wird durch einen Punkt mit mindestens einer folgenden Leerstelle abgeschlossen.

e) *Literale*
Der Programmierer kann durch Angabe eines Literals eine Zeichenfolge

festlegen, die sich selbst definiert. Die Anwendung von Literalen wird in den Abschnitten 3.3.4. und 4.4.7. näher beschrieben. An dieser Stelle sollen nur die Bildungsgesetze für Literale erläutert werden.

Numerische Literale Numerische Literale bestehen aus den Ziffern ɸ bis 9, einem Vorzeichen (+ oder –) und einem Rechendezimalpunkt. Der Wert eines numerischen Literals ist die algebraische Größe, die durch die Ziffernfolge dargestellt wird.
Es gelten folgende *Regeln:*

– das Literal darf maximal 18 Ziffern enthalten, muß jedoch aus mindestens einer Ziffer bestehen;
– das Literal darf nicht mehr als ein Vorzeichen und einen Dezimalpunkt enthalten. Das Vorzeichen muß das erste Zeichen eines numerischen Literals sein. Wenn kein Vorzeichen angegeben wird, wird das Literal als positiv angenommen. Der Rechendezimalpunkt darf nicht am Ende des Literals stehen.
– ein numerisches Literal darf nicht in Apostrophe eingeschlossen sein!
– Leerzeichen sind in einem numerischen Literal nicht erlaubt.

Beispiel:	*richtig:*	12345
		+123.4
		–ɸ.123
		–.123
	falsch:	5.63–
		345.
		+␣123

Nichtnumerische Literale Diese Literale werden unterteilt in alphabetische und alphanumerische Literale. Sie unterscheiden sich dadurch, daß für alphabetische Literale nur die Zeichen A bis Z und das Leerzeichen zugelassen sind, während alphanumerische Literale den gesamten Zeichenvorrat der EDV-Anlage verwenden dürfen. Eine Ausnahme bildet das Apostroph (Hochkomma), welches als Begrenzung dieser Literale dient und deshalb innerhalb eines Literals nicht verwendet werden darf. Nichtnumerische Literale unterliegen folgenden *Regeln:*

– Sie müssen in Apostrophe eingeschlossen sein.
– Die Länge eines nichtnumerischen Literals darf nicht größer sein als 120 Zeichen, wobei die umschließenden Apostrophe nicht mitgezählt werden.
– Innerhalb eines nichtnumerischen Literals darf kein Apostroph vorkommen.

– Innerhalb eines nichtnumerischen Literals dürfen COBOL-Wörter geschrieben werden. (In diesem Fall werden sie nicht als solche interpretiert!)
– Nichtnumerische Literale mit numerischen Werten erhalten nicht den algebraischen Wert dieser Zeichenfolge.

Beispiel:	*richtig:*	'COBOL 65'
		'ANTON MUELLER'
		'–123.45'
		'24. AUG. 1971'
		'MOVE'
	falsch:	'AUF GEHT'S'
		ANTON MUELLER

f) *Alle weiteren*, ebenfalls in COBOL verwendeten Wortkategorien werden später bei der Anwendung beschrieben. Auf die in Abschnitt 2.2. besprochenen Definitionen wird an den entsprechenden Stellen noch näher eingegangen.

2.3. Bedeutung der in diesem Buch vorgenommenen Schreibweise

Schlüsselwörter in den Formatangaben
werden mit Großbuchstaben geschrieben und sind unterstrichen. Sie müssen in der vorgeschriebenen Form angegeben werden.

Beispiel:	IDENTIFICATION DIVISION
	MOVE
	ADD

Wahlwörter in den Formatangaben
werden ebenfalls groß geschrieben, sind jedoch nicht unterstrichen. Der Programmierer kann sie nach Wahl einsetzen, muß sie jedoch genau ihrer Definition entsprechend benutzen.

Beispiel:	PICTURE IS
	USAGE IS COMPUTATIONAL
	(IS und USAGE sind Wahlwörter)

Vom Benutzer zu definierende Wörter in den Formatangaben
werden in Kursivschrift geschrieben. Sie stellen allgemeine Ausdrücke dar, welche der Programmierer selbst bestimmen muß (Programmierwörter!). Er muß sich jedoch an die in Abschnitt 2.2. angegebenen Regeln zur Bildung von Programmierwörtern halten.

Beispiel: *Stufennummer Datenname* PICTURE IS *Maske*

(*Stufennummer, Datenname* und *Maske* müssen vom Programmierer eingesetzt werden!)

Geschweifte Klammern in den Formatangaben
zeigen, daß aus einer der angegebenen Möglichkeiten genau eine ausgewählt werden muß.

Beispiel:

$$\text{USAGE IS} \left\{ \begin{array}{l} \text{DISPLAY} \\ \underline{\text{COMPUTATIONAL}} \\ \underline{\text{COMPUTATIONAL-1}} \\ \underline{\text{COMPUTATIONAL-2}} \\ \underline{\text{COMPUTATIONAL-3}} \end{array} \right\}$$

Eckige Klammern in den Formatangaben
zeigen dem Programmierer, daß er die angegebenen Möglichkeiten je nach Wunsch anwenden oder gänzlich auslassen kann.

Beispiel:

$$\left[\underline{\text{BLOCK}} \text{ CONTAINS } \textit{Ganzzahl} \left\{ \begin{array}{l} \text{CHARACTERS} \\ \underline{\text{RECORDS}} \end{array} \right\} \right]$$

Fortsetzungspunkte in den Formatangaben
treten dann auf, wenn der unmittelbar vorausgehende Teil beliebig oft wiederholt werden kann.

Beispiel:

$$\underline{\text{ADD}} \left\{ \begin{array}{l} \textit{numerisches Literal-1} \\ \textit{Dateiname-1} \end{array} \right\} \ldots \left\{ \begin{array}{l} \underline{\text{TO}} \\ \underline{\textit{GIVING}} \end{array} \right\} \textit{Datenname-n}$$

Null-Darstellung:
Um eine Verwechslung zwischen der Ziffer Null und dem Buchstaben O zu vermeiden, werden alle Nullen in der Form Ø dargestellt!

2.4. COBOL-Programmmschema

Bei der Erstellung eines COBOL-Programmes muß der Programmierer einige Einschränkungen hinnehmen, welche sich auf das Ablochen des Programmes beziehen. Der Programmierer sollte darum für sein Programm auf die für COBOL-Programme ausgearbeiteten Codierblätter und Lochkarten zurückgreifen, in welchen die nachstehend besprochenen Begrenzungen besonders hervorgehoben sind. (Abb. 7)
Eine für COBOL-Programme verwendete Lochkarte enthält insgesamt 80 Spalten, von denen jedoch nur ein bestimmter Teil das direkte COBOL-Programm aufnehmen darf. *Die Einteilung der Lochkarte (und damit auch die Einteilung des Codierblattes!) ist wie folgt festgelegt:*

- Spalten 1–6 enthalten eine aufsteigende Numerierung der einzelnen Lochkarten (Zeilen). Die jeweils vorgenommenen Sprünge um 10 Ziffern in der Numerierung erleichtern dem Programmierer das spätere Einschieben von zusätzlichen Karten.
  Eine nicht aufsteigende Numerierung hat keinen Einfluß auf die Ausführung des Programmes. Der Compiler meldet lediglich durch ein Kennzeichen vor der betreffenden Zeile in der Ausgabeliste (Source-Listing), daß die aufsteigende Numerierung nicht eingehalten wurde. Die Unterteilung dieses Bereiches in SEITE und ZEILE erleichtert die Vergabe von Nummern und ist behilflich beim Aufsuchen von entstandenen Ablochfehlern.
- Spalte 7 enthält, wenn benötigt, das Folgezeichen „-" (Bindestrich!), welches nur zur Fortsetzung eines nichtnumerischen Literals auf dieser Karte benutzt werden darf (siehe Abschnitt 4.4.7.).
- An der A-Begrenzung (Spalte 8) müssen alle Marken und Prozedurnamen beginnen. Sie dürfen über die B-Begrenzung hinausgehen!
- Spalten 12–72 enthalten alle COBOL-Anweisungen, die der Programmierer benötigt, um sein Problem zu beschreiben. Diese Anweisungen dürfen frühestens an der B-Begrenzng (Spalte 12) beginnen und nicht über die Spalte 72 hinausgehen.
- Spalten 73–80 dienen dazu, Bemerkungen und Kennzeichnungen für Dokumentations- oder Identifizierungszwecke aufzunehmen. Sie haben wie die Spalten 1 bis 6 keinen Einfluß auf das Programm.

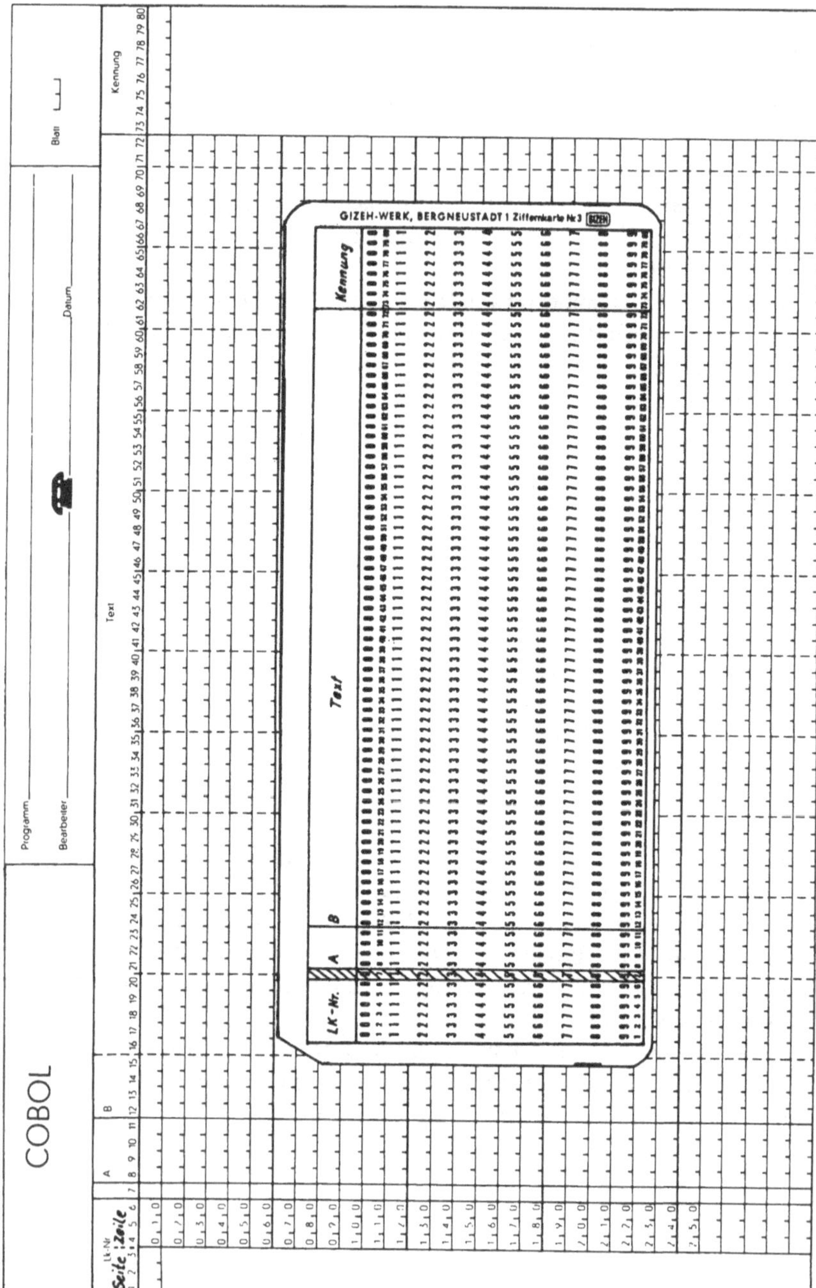

Abb. 7: COBOL-Programmschema

3. Aufbau der COBOL-Sprache

Wie schon unter Abschnitt 2 erwähnt, besteht ein COBOL-Programm aus vier Teilen (DIVISIONS), welche in der richtigen Reihenfolge zusammengefaßt ein Programm ergeben, das dann von dem COBOL-Compiler einer elektronischen Rechenanlage übersetzt werden kann. Man könnte jeden dieser Teile vollkommen separat beschreiben, da sie in gewissem Maße voneinander unabhängig sind; es ist aber unumgänglich, beim Schreiben einer DIVISION zugleich einige Kenntnisse über diese anderen Teile des Programms zu besitzen. Aus diesem Grunde werden in dem vorliegenden Buch zuerst einige grundlegende Erklärungen über die vier DIVISIONS abgegeben, um dann anhand von Beispielen immer tiefer in die COBOL-Sprache und die einzelnen Programmteile Einblick zu bekommen.

3.1. IDENTIFICATION DIVISION (Erkennungsteil)

Der Erkennungsteil dient zur Identifizierung eines COBOL-Programmes und hat folgendes

Format:

IDENTIFICATION DIVISION.

PROGRAM-ID.	*'Externer Name'.*
[AUTHOR.	[*Programmsatz...*] .]
[INSTALLATION.	[*Programmsatz...*] .]
[DATE-WRITTEN.	[*Programmsatz...*] .]
[DATE-COMPILED.	[*Programmsatz...*] .]
[SECURITY.	[*Programmsatz...*] .]
[REMARKS.	[*Programmsatz...*] .]

Der Erkennungsteil ist immer der erste Teil eines COBOL-Primärprogrammes und beginnt mit den Worten IDENTIFICATION DIVISION.

Diese Worte (wie auch die folgenden Paragraphennamen!) werden mit einem Punkt abgeschlossen, welcher direkt hinter das letzte Zeichen gesetzt werden muß sowie mindestens einer folgenden Leerstelle.

Der Paragraph PROGRAM-ID. muß immer als erster im Erkennungsteil erscheinen. Alle weiteren Paragraphen können wahlweise und in beliebiger Reihenfolge vergeben werden.

Welche Informationen diese Paragraphen enthalten, soll durch die folgenden Beispiele gezeigt werden.

Beispiele:

PROGRAM-ID.	'TEST-1'.
PROGRAM-ID.	'A12XY'.
AUTHOR.	MAX MUELLER.
AUTHOR.	MUELLER UND MEIER.
INSTALLATION.	XYZ-ACTIEN GES.
DATE WRITTEN.	24. AUG. 1971.
DATE-COMPILED.	25. AUG. 1971.
DATE-COMPILED.	TODAY.
SECURITY.	GEHEIMSTUFE 1.
REMARKS.	DIESES PROGRAMM BERECHNET DIE JAHRESLOHNSTEUER.

In dem Paragraph PROGRAM-ID sind 'TEST-1' und 'A12XY' *externe Namen,* bei welchen folgendes zu beachten ist:

- Bildungsgesetz wie bei alphanumerischen Literalen (Abschnitt 2.2.2.e), jedoch höchstens 8 Zeichen innerhalb der Apostrophe.
- Beachtung der Herstellerrichtlinien für die Vergabe von externen Namen, da eine Zusammenarbeit mit dem Betriebssystem der EDV-Anlage gewährleistet sein muß.

Der externe Name gilt als Programmname, unter welchem die vom Compiler vorgenommene Übersetzung (verschiebliches Programm, siehe Abb. 5) auf einem externen Speichermedium (Band, Platte) geführt wird. Mit Hilfe dieses Namens kann ein solches Programm durch Eingabe von speziellen Steuerkarten vom Linkage Editor bearbeitet werden.

Weitere externe Namen werden in COBOL beim Schreiben und Aufrufen von Unterprogrammen (z. B. CALL 'UPRO' ..., Abschnitt 6) sowie in der INPUT-OUTPUT SECTION vergeben.

Die in den anderen Paragraphen benutzten Programmsätze werden wie folgt interpretiert:

Ein *Programmsatz* ist eine aus mehreren Wörtern gebildete Einheit, welche durch einen Punkt und mindestens einem folgenden Leerzeichen beendet wird. Der Punkt muß direkt hinter dem letzten Zeichen des Programmsatzes stehen.

Diese Regel hat auch Gültigkeit für Programmsätze, wie sie später in den anderen DIVISIONS verwendet werden.

Anmerkung: Ein Punkt muß immer genau an der im Format angegebenen Stelle erscheinen. Wird bei DATE-COMPILED das Wort TODAY geschrieben, so erhält die vom Compiler erzeugte Programmliste das zur Zeit der Übersetzung in der Maschine eingegebene Datum. Der Name IDENTIFICATION DIVISION sowie alle Paragraphennamen müssen an der A-Begrenzung beginnen.

3.2. ENVIRONMENT DIVISION (Maschinenteil)

Im Maschinenteil (er folgt dem Erkennungsteil) werden die physikalischen Eigenschaften einer EDV-Anlage beschrieben, auf der das erstellte COBOL-Programm ablaufen soll. Außerdem wird hier die Zuordnung der im Programm verwendeten Dateien zu den einzelnen Geräteklassen vorgenommen.
Der Maschinenteil besteht aus zwei Kapiteln, der CONFIGURATION SECTION (Ausrüstungskapitel) und der INPUT-OUTPUT SECTION (Ein-Ausgabekapitel). Insgesamt besitzt der Maschinenteil folgendes

Format:

```
ENVIRONMENTAL DIVISION.
‾‾‾‾‾‾‾‾‾‾‾‾‾‾‾‾‾‾‾‾‾‾‾
CONFIGURATION SECTION.      → Kapitelname.
‾‾‾‾‾‾‾‾‾‾‾‾‾‾‾‾‾‾‾‾‾‾
[ SOURCE-COMPUTER.          [Erklärung des
  ‾‾‾‾‾‾‾‾‾‾‾‾‾‾‾‾           Übersetzungsrechners] . ]

[ OBJECT-COMPUTER.          [Erklärung des
  ‾‾‾‾‾‾‾‾‾‾‾‾‾‾‾‾           Ablaufrechners] . ]

[ SPECIAL-NAMES.            [Erklärung von
  ‾‾‾‾‾‾‾‾‾‾‾‾‾‾             Sondernamen] . ]

INPUT-OUTPUT SECTION.       → Kapitelname.
‾‾‾‾‾‾‾‾‾‾‾‾‾‾‾‾‾‾‾‾‾
[ FILE-CONTROL.             [Erklärung der
  ‾‾‾‾‾‾‾‾‾‾‾‾‾              Dateizuordnung] . ]

[ I-O-CONTROL.              [Erklärung der
  ‾‾‾‾‾‾‾‾‾‾‾                Ein-Ausgabesteuerung] . ]
```

Es folgt eine kurze Beschreibung der CONFIGURATION SECTION, deren Paragraphen SOURCE-COMPUTER und OBJECT-COMPUTER vom Compiler nicht verwendet werden. Diese Paragraphen dienen nur zur Information und Dokumentation für den Programmierer. Sie müssen, wenn angegeben, jedoch den Regeln entsprechend benutzt werden!

Format:

<u>SOURCE-COMPUTER.</u> [[*Rechnername*] [*Modellname*] .]

<u>OBJECT-COMPUTER.</u> [[*Rechnername*] [*Modellname*] .]

Der Paragraph SPECIAL-NAMES dient dazu, die üblicherweise von einem Hersteller festgelegten Namen für externe Geräte (Leser, Stanzer, CONSOLE usw.) in diejenigen Namen umzuändern, wie der Programmierer sie wünscht (*Merknamen!*).

Format:

<u>SPECIAL-NAMES.</u> [{ *Herstellername* | *'Zeichen'* } IS *Merkname...*].

[<u>DECIMAL-POINT IS COMMA</u>].

Die Angabe DECIMAL-POINT IS COMMA bewirkt, daß bei der Druckaufbereitung (siehe Abschnitt 4.2.3.) in numerischen Feldern anstelle eines Dezimalpunktes ein Komma erscheint. Der Punkt muß für die Funktion benutzt werden, die hierbei normalerweise durch ein Komma ausgeführt wird.
Die Beschreibung der INPUT-OUTPUT SECTION (Ein-Ausgabe-Kapitel) erfordert schon ein tieferes Verständnis in COBOL. Darum wird sie zunächst zurückgestellt und an der Stelle besprochen, wo sie im Zusammenhang mit einem Beispielprogramm benötigt wird.
Für den sehr ungeduldigen Leser sei jedoch schon hier auf den Anhang C (Schematischer Aufbau der COBOL-Sprache) hingewiesen.

3.3. DATA DIVISION (Datenteil)

Im Datenteil werden diejenigen Daten (Bereiche im Kernspeicher!) beschrieben, welche das auszuführende Programm (Objektprogramm) aufnehmen bzw. verarbeiten oder erzeugen soll. Dabei gliedern sich diese Daten in drei Gruppen, welche in einzelnen Kapiteln des Datenteils definiert werden. Die DATA DIVISION muß der ENVIRONMENT DIVISION folgen.

Format:

DATA DIVISION.
[FILE SECTION.]
[WORKING-STORAGE SECTION.]
[LINKAGE SECTION.]

Die Angabe der Kapitelnamen ist wahlfrei, jedoch muß, wenn vorhanden, die obige Reihenfolge eingehalten werden.

3.3.1. Stufenkonzept

In der COBOL-Sprache muß für jeden Datennamen, welcher in der DATA DIVISION erklärt wird, eine Stufennummer vergeben werden. Diese Nummer ist die erste Eintragung (ab Begrenzung A), die für jede Datenerklärung vergeben werden muß.
Zulässige Stufennummern sind

Ø1 bis 49, 77 und 88.

An dieser Stelle soll nur das Stufenkonzept angesprochen werden; bestimmte Einschränkungen bei der Vergabe dieser Nummern erfolgen in den Beschreibungen der einzelnen Kapitel (SECTIONS) der DATA DIVISION.

3.3.1.1. Datensatzerklärung

Um zusammenhängende Speicherbereiche mit hierarchischer Untergliederung zu definieren, werden die Stufennummern Ø1 bis 49 verwendet. Durch Oberbegriffe (Gruppennamen) können vorgesehene Teile zusammengefaßt werden und in ihrer Gesamtheit angesprochen werden. Die Stufennummer Ø1 kennzeichnet dabei den gesamten Satz und darf in diesem nicht nochmals vergeben werden. Alle anderen Nummern können, je nach Struktur des Satzes mehrfach gesetzt werden.

Beispiel:
In einem logischen Satz soll folgende Hierarchie aufgebaut sein.

<table>
<tr><td colspan="8">Z E I T K A R T E</td></tr>
<tr><td rowspan="2">ARB-
NR</td><td colspan="2">NAME</td><td colspan="3">DATUM</td><td rowspan="2">LEER</td><td rowspan="2">STUNDEN</td></tr>
<tr><td>VOR-
NAME</td><td>NACH-
NAME</td><td>TAG</td><td>MONAT</td><td>JAHR</td></tr>
</table>

Wie aus dieser Darstellung zu ersehen ist, ist als Oberbegriff für alle weiter unterteilten Daten der Name ZEITKARTE vergeben worden. Durch eine zusätzliche hierarchische Unterteilung sind die Namen NAME und DATUM als weitere Oberbegriffe anzusehen. Alle anderen Namen sind Datenelemente und enthalten die jeweils abgespeicherten Werte für die weitere Verarbeitung.
Diese schematische Darstellung würde in COBOL folgendermaßen aussehen.

```
  ┌──────► Ø1  ZEITKARTE.
  │          Ø2  ARB-NR....           ◄──────────┐
  ├────────► Ø2  NAME.                           │
  │             Ø3  VORNAME....       ◄──────────┤
  │             Ø3  NACHNAME....                 │
  ├────────► Ø2  DATUM.                          │
  │             Ø3  TAG....           ◄──────────┤
  │             Ø3  MONAT....         ◄──────────┤
  │             Ø3  JAHR....          ◄──────────┤
  │          Ø2  LEER....             ◄──────────┤
  │          Ø2  STUNDEN....          ◄──────────┤
  ▼                                              ▼
Oberbegriffe                               Datenelemente
= Datengruppe
```

Durch die eingerückte Schreibweise ist sehr gut die hierarchische Abstufung der Daten zu erkennen. Der besseren Übersicht halber sollte der Programmierer diese Schreibweise in seinem Programm einhalten.
Auf der Stufe von Datengruppen dürfen keine Eintragungen über die Länge der Daten gemacht werden. Diese Eintragungen bleiben den Datenelementen überlassen, was durch die Folgepunkte kenntlich gemacht wird. Welche Eintragungen hier vorgenommen werden dürfen, wird in den folgenden Abschnitten beschrieben.
Die Stufennummern Ø2 bis 49 müssen nicht in lückenlos aufsteigender Ordnung aufgeführt werden. Dadurch wird das spätere Einfügen von weiteren Elementen erleichtert.

Beispiel:

```
Ø1  ZEITKARTE.
  Ø5  ARB-NR....
  Ø5  NAME.
    1Ø  VORNAME....
    1Ø  NACHNAME....
  Ø5  DATUM.
    Ø6  TAG....
        .
        .
        .
```

Es muß jedoch darauf geachtet werden, daß durch jede weitere Vergabe einer Zwischen-Stufennummer die Hierarchie des Satzbaues geändert wird.

3.3.1.2. Datenelementerklärung

Die Stufennummer 77 ist für unabhängige Datenelemente im Kernspeicher vorbehalten. Solche Elemente stehen vollkommen selbständig und sind keinem Oberbegriff untergeordnet. Jedes Datenelement, welches unter der Stufennummer 77 beschrieben ist, muß noch weitere Angaben über Form und Art derjenigen Daten erhalten, die in ihm abgespeichert sind.

Beispiel:

```
77 ERGEBNISFELD....
77 ZWISCHENBEREICH....
77 KONSTANTE-1....
```

Jedes dieser Datenelemente muß eindeutig definiert sein und wird mit seinem Namen bei der Verarbeitung angesprochen.

3.3.1.3. Bedingungsnamen

Alle Bedingungsnamen werden mit der Stufennummer 88 gekennzeichnet. Sie dürfen jedoch nur in Verbindung mit einem unter der Stufennummer Ø2 bis 49 oder 77 definierten Datenelement (Bedingungsvariable!) benutzt werden. Einem Bedingungsnamen muß ein konstanter Wert zugewiesen werden.

Beispiel:

```
.
.
.
Ø3  SPRACHE....                    → Bedingungsvariable
  88  DEUTSCH....      )
  88  ENGLISCH....     }             Bedingungsnamen
  88  FRANZOESISCH.... )
```

Der Vorteil dieser Unterteilung liegt darin, daß im Programm eine Abfrage, ob es sich um die Sprache Deutsch, Englisch oder Französisch handelt, übersichtlich gestaltet werden kann. Dabei wird der Wert, welchen der Bedingungsname besitzt mit dem Wert der Bedingungsvariablen verglichen und bei Übereinstimmung das Programm im JA-Zweig fortgesetzt (siehe Abschnitt 4.2.).

3.3.2. PICTURE-Klausel

Diese Eintragung liefert die genaue Abbildungsbeschreibung eines Datenelementes im Kernspeicher und zeigt dem Rechner, wie dieses Element behandelt werden muß.
Je nachdem, welcher Art die Daten sind, die der Programmierer in seinem Programm verarbeiten will, gilt folgendes **Format** der PICTURE-Klausel:

$$\left[\underline{\text{PICTURE}}\ \text{IS}\quad \left\{\begin{array}{l}\textit{alphabetische Form}\\ \textit{alphanumerische Form}\\ \textit{numerische Form}\\ \textit{Listenform}\end{array}\right\}\right]$$

a) Die **alphabetische Form** wird durch das Zeichen A festgelegt, wobei jedes weitere A den Datenbereich um eine Stelle erweitert. Diese Darstellungsform darf nur die Buchstaben des Alphabets sowie Zwischenräume aufnehmen.

b) Bei der **alphanumerischen Form** wird das Kennzeichen X in der PICTURE-Eintragung verwendet. Jedes X zeigt an, daß der so definierte Datenbereich den gesamten Zeichenvorrat der EDV-Anlage verwenden kann.

c) Die **numerische PICTURE-Eintragung** kann aus einer Kombination folgender Zeichen bestehen:

9 Dieses Zeichen gibt an, daß die Speicherstelle mit einem numerischen Zeichen (Ø bis 9) besetzt sein muß.

V Hiermit wird die Lage eines Rechendezimalpunktes angegeben. Dieses Zeichen darf nur einmal in derselben PICTURE-Klausel enthalten sein. Das V liefert dem Compiler Informationen über die Ausrichtung der numerischen Daten in Rechenoperationen. Es nimmt im Kernspeicher keinen Platz ein!

S Mit diesem Zeichen wird das Vorhandensein eines Rechenvorzeichens angezeigt. Es muß das erste Zeichen innerhalb einer numerischen PICTURE-Zeichenfolge sein. Wenn kein S angegeben wird, wird immer mit positivem Vorzeichen gerechnet.

P Skalenfaktor; dieses Zeichen stellt einen Ziffernstelle dar, für die kein Speicherplatz reserviert wird. Der Wert dieser Ziffer ist Null. In Kombination mit den anderen numerischen PICTURE-Eintragungen kann hiermit die Stellung des Dezimalpunktes nach rechts oder links verschoben werden (siehe Beispiel).

d) Die **Listenform** bezieht sich auf bestimmte Formen des Ausdrucks bei numerischen Werten. Durch Angabe einer *„Schablone"* in der PICTURE-Eintragung können beim Ausdruck spezielle Zeichen zusätzlich zu den Ziffern erscheinen (Vorzeichen, Dezimalpunkt, Sicherheitszeichen, Zwischenräume usw.) beziehungsweise fortfallen.
Die verschiedenen Möglichkeiten der Listenform sowie ihre Anwendung werden in Abschnitt 4.2.3. beschrieben.

Wenn der Programmierer größere Längendefinitionen in der PICTURE-Klausel vornimmt, ist es sinnvoll, anstelle der nacheinander auftretenden gleichen Zeichen einen Wiederholungsfaktor zu verwenden. Dieser Faktor muß in Klammern eingeschlossen direkt hinter dem zu wiederholenden Zeichen stehen.

Anmerkung: Innerhalb einer PICTURE-Zeichenfolge dürfen nicht mehr als 30 Zeichen geschrieben werden. Der definierte Speicherplatz kann jedoch größer (bei Anwendung des Wiederholungsfaktors) sein. Die in ein und derselben PICTURE-Klausel stehenden Difinitionen müssen vom gleichen Typ sein. Eine Kombination von A, X oder 9 ist nicht erlaubt!

Folgende **Beispiele**, dargestellt in Verbindung mit einem Datennamen sollen das vorher beschriebene verdeutlichen.

77 NAME	PICTURE A(15). alphabetisches 15stelliges Feld.
77 ART-BEZ	PICTURE XXXXX. alphanumerisches 5stelliges Feld.
77 ART-BEZ	PICTURE X(5). alphanumerische 5stelliges Feld.
77 STCK	PICTURE 999. numerisches 3stelliges Feld.
77 PREIS	PICTURE 999V99. numerisches 5stelliges Feld.
77 PREIS	PICTURE 9(3)V9(2). numerisches 5stelliges Feld.
77 RECHNUNG	PICTURE S9(5)V99. numerisches 7stelliges Feld.
77 WERT	PICTURE 9(3)PPPV. numerisches 3stelliges Feld.

Bei dem letzten Beispiel handelt es sich um einen Bereich, welcher nur drei Stellen im Kernspeicher benötigt, obwohl insgesamt 6 Stellen (Ziffern) definiert worden sind. Angenommen, diese drei Stellen würden die Ziffernfolge 123 enthalten, so würde bei einer Rechenoperation trotzdem mit dem Wert 123 000 gerechnet werden.
Alle anderen Beispiele nehmen den Speicherplatz ein, wie er durch die Anzahl der Zeichen A, X und 9 bzw. durch den Wiederholungsfaktor definiert ist. Für die Zeichen S (Vorzeichen) und V (Dezimalpunkt) wird kein zusätzlicher Kernspeicherplatz vergeben.

3.3.3. USAGE-Klausel

Durch diese Klausel wird die speicherinterne Darstellungsform eines Datenelements festgelegt.
Wird diese Klausel auf der Stufe eines Oberbegriffes verwendet, so müssen alle darunter befindlichen Datenelemente von derselben Form sein!

Format:

[USAGE IS { DISPLAY | COMPUTATIONAL | COMPUTATIONAL-1 | COMPUTATIONAL-2 | COMPUTATIONAL-3 }]

a) DISPLAY

Wird keine USAGE-Klausel angegeben, so gilt das Datenformat DISPLAY, welches angibt, daß für jedes Zeichen im Kernspeicher ein Byte (= 8 Bit) belegt wird.

Zum Beispiel wäre ein alphanumerischer Bereich, welcher den Wert ‘ANTON‘ enthält, im Datenformat DISPLAY wie folgt abgespeichert.

Beispiel: *Definition*

77 WORT PICTURE X(5) USAGE IS DISPLAY.

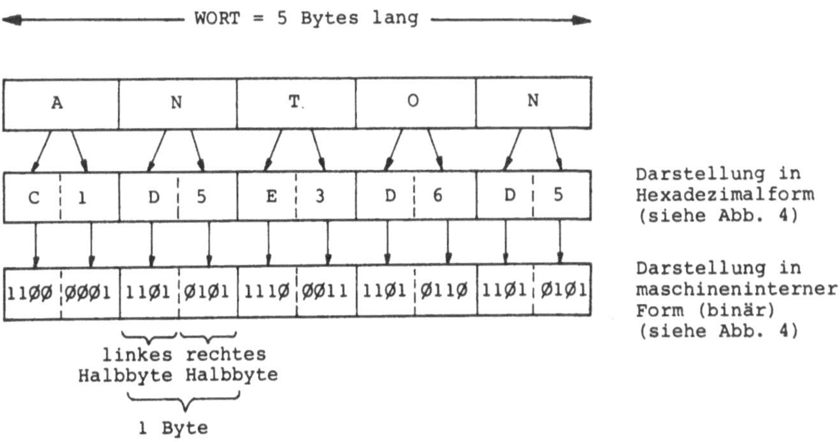

Erklärung:

Der Gesamtbereich besteht aus 5 Bytes und ist mit WORT benannt worden. Durch eine Übertragungsoperation sei der Inhalt ANTON dieses Bereiches hergestellt worden. Jeder einzelne Buchstabe des Wortes ANTON wird in einem Byte abgespeichert und zwar in der Form, wie ihn die EVD-Anlage anhand ihres Codes (z. B. EBCDI-Code) versteht. Die Aufteilung in 2 Halbbytes (links und rechts) läßt beim EBCDI-Code insgesamt 16 x 16 = 256 Verschlüsselungsmöglichkeiten zu, von denen der Übersicht halber nur die wesentlichsten in Abb. 4 gezeigt werden.[5]

[5] Dworatschek, S.: Einführung in die Datenverarbeitung. 4. Aufl. Berlin 1971

Die Darstellung eines numerischen Feldes mit der USAGE-Klausel DISPLAY (entpackte Darstellung) ist folgendermaßen festgelegt:

Beispiel:

Definition
77 WERT PICTURE 9(4) USAGE IS DISPLAY.
(WERT enthalte die Größe 1234)

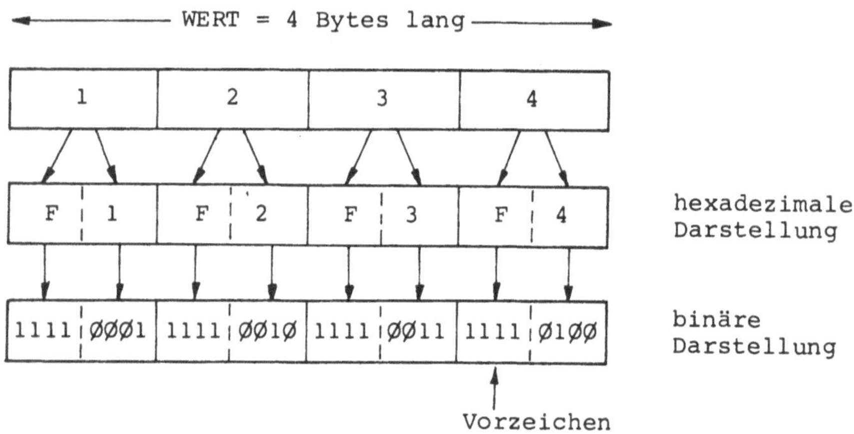

Erklärung:

Der durch WERT dargestellte Speicherbereich von 4 Bytes Länge enthält pro Byte eine Ziffer. Ziffern werden im Format DISPLAY dermaßen dargestellt, daß das linke Halbbyte den hexadezimalen Wert F (= 1111) enthält. Das rechte Halbbyte enthält den dezimalen Wert der Ziffer in binärer Form. Das Vorzeichen der gesamten Zahl ist im letzten linken Halbbyte abgespeichert. Dabei gelten für positive Zahlen die Hexadezimalziffern F oder C und für negative Werte die Ziffer D.

Um auf die in Abschnitt 3.3.2. vorgenommene Erklärung bei der Angabe eines Vorzeichens (S) in numerischen Bereichen zurückzukommen, bedeutet dies:

- wenn kein S in der PICTURE-Klausel angegeben wurde, wird im letzten linken Halbbyte des Gesamtfeldes ein F abgespeichert, welches bei Rechenoperationen immer als positiv betrachtet wird und damit keine Werte kleiner Null zuläßt.
- Wurde ein S angegeben, so wird bei positivem Wert der Ziffernfolge ein C abgespeichert, bei negativem Wert ein D.

Bei Rechenoperationen wird immer mit dem jeweiligen Vorzeichen gerechnet. Darum sollte bei diesen Werten in der PICTURE-Klausel immer ein S angegeben werden.

Für **numerische Felder** können außerdem folgende USAGE-Klauseln angegeben werden:

b) COMPUTATIONAL
bedeutet, daß der numerische Wert in eine vollständig binäre Form gebracht und abgespeichert wird. Dabei ist zu beachten, daß für jeweils 4 Ziffern zwei Bytes im Kernspeicher belegt werden. Das am weitesten links stehende Bit enthält das Vorzeichen der gesamten Zahl.

Beispiel:

Definition
77 WERT-1 PICTURE S9(3) COMPUTATIONAL.

Diese drei Ziffern, die den Wert 12 enthalten sollen, werden in zwei Bytes abgespeichert.

```
 1. Byte ¦2. Byte
┌─────────┬─────────┐
│ØØØØØØØØ │ØØØØ11ØØ │        = 12
└─────────┴─────────┘
↑
Vorzeichen Ø = positiv
           1 = negativ
```

Es erfolgt keine Unterteilung in Halbbytes. Der Wert 12 steht rein binär in den beiden Bytes, wobei das erste Bit dieses Bereichs immer das Vorzeichen enthält. (Darum ist es bei COMPUTATIONAL immer erforderlich, in der PICTURE-Klausel ein S anzugeben!)
Ein Rechenbereich, welcher die Zeichenfolge 12345 aufnehmen soll, sei mit

Beispiel:

77 WERT-2 PICTURE S 9(5) COMPUTATIONAL.

definiert und benötigt deshalb 4 Bytes im Kernspeicher.

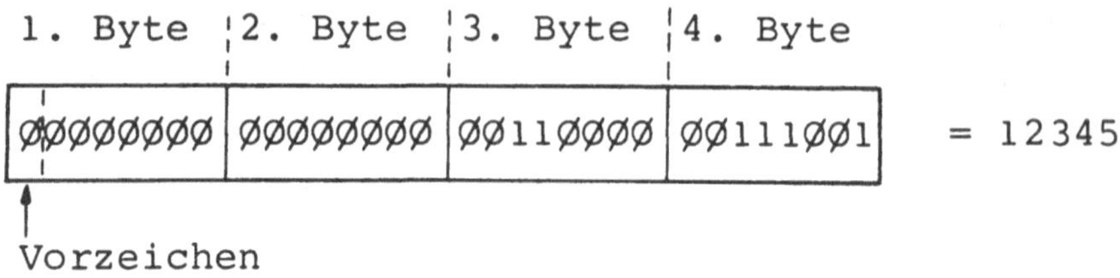

c) COMPUTATIONAL-1
Mit dieser Definition wird ein Gleitkommadatenbereich einfacher Genauigkeit bestimmt. Die Definition dieses Bereiches darf keine PICTURE-Eintragung enthalten. Die interne Abspeicherungsform benötigt 4 Bytes und ist folgendermaßen aufgeteilt:

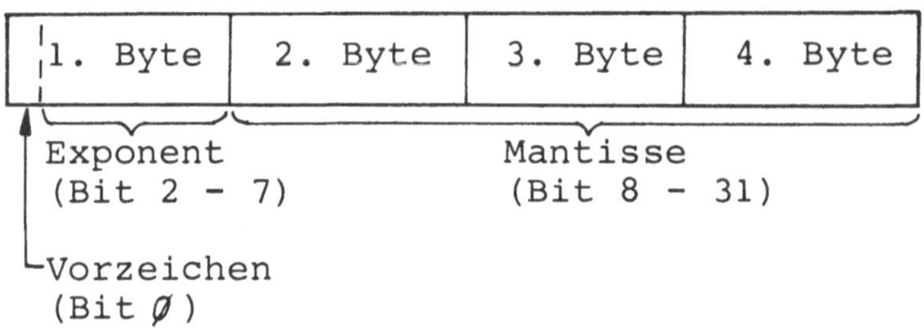

Mit dieser Darstellungsform können Zahlenbereiche von
$16^{-65} \leqslant x \leqslant (1-16^{-6}) \cdot 16^{63}$ erfaßt werden.

d) COMPUTATIONAL-2
definiert einen Gleitpunktdatenbereich doppelter Genauigkeit. Dabei wird die Mantisse um 4 Bytes erweitert, so daß folgende interne Abspeicherungsform entsteht:

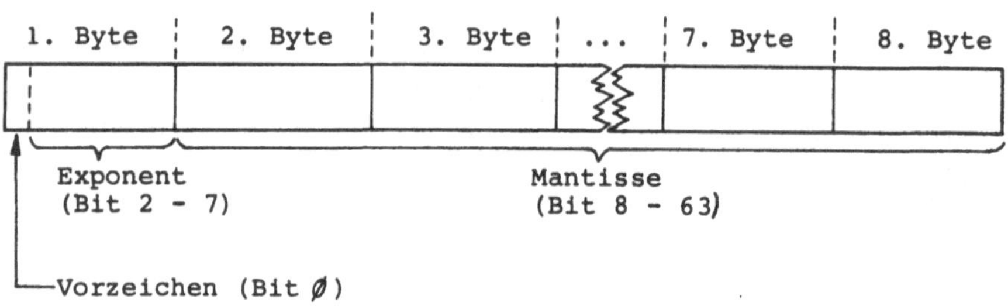

Diese Form ermöglicht die Darstellung der Zahlenwerte von
$16^{-65} \leqslant x \leqslant (1-16^{-14}) \cdot 16^{63}$

Auch bei COMPUTATIONAL-2 ist keine PICTURE-Klausel erlaubt.

e) COMPUTATIONAL-3
kennzeichnet die *gepackte* Abspeicherung von numerischen Daten.
Da die entpackte Darstellung (entspricht DISPLAY-Darstellung) von numerischen Werten in der Form geschieht, daß vor jede Ziffer im linken Halbbyte die Hexadezimalziffer F gesetzt wird, ist es oft sinnvoll, eine speicherungs- und rechenoptimalere Form für diese Werte zu erhalten. Dies wird durch die Angabe von COMPUTATIONAL-3 erreicht. Dabei fallen alle F, außer dem Vorzeichen (letztes linkes Halbbyte) fort. Das Vorzeichen wird hierbei jedoch in das letzte rechte Halbbyte eingetragen.

Beispiel:

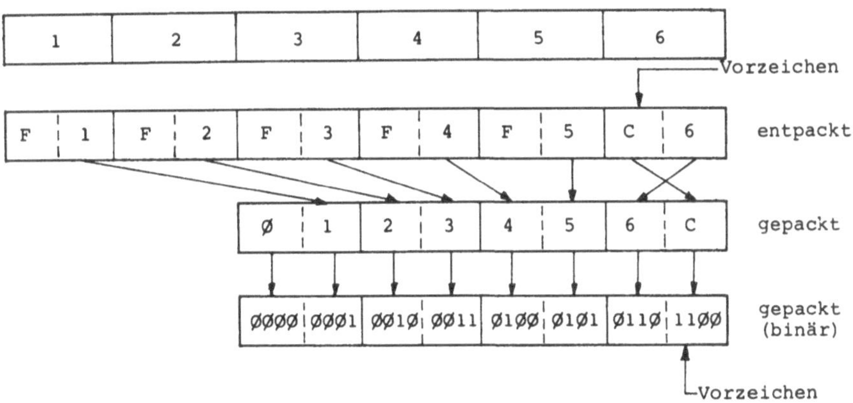

Die Definition dieser Bereiche erfolgt genau wie bei der numerischen DISPLAY-Angabe in der Form, daß für jede Ziffer eine 9 angegeben wird. Der reservierte Kernspeicherplatz ist jedoch nicht von der Anzahl der angegebenen Ziffern abhängig, sondern errechnet sich nach der Formel

$$L1 = L2 + 1 \quad \text{wobei } L2 = |L3 : 2|$$

L1 = Länge des reservierten Kernspeicherplatzes in Bytes
L2 = Absolutwert von (L3 geteilt durch 2)
L3 = Anzahl der Ziffern in der PICTURE-Eintragung

Beispiele:

77 WERT-1 PICTURE S9(6) COMPUTATIONAL-3.

L3 = 6
L2 = 6/2 = |3|
L1 = 3 + 1 = 4 Bytes

77 WERT-2 PICTURE S9(9) COMPUTATIONAL-3.

L3 = 9
L2 = 9/2 = |4|
L1 = 4 + 1 = 5 Bytes

3.3.4. VALUE-Klausel

Mit dieser Klausel können Datenelementen Anfangswerte zugewiesen werden, die diese beim Start des COBOL-Programms erhalten sollen. Die Werte bleiben so lange erhalten, bis sie durch eine Anweisung im Programm geändert werden. Es ist dadurch auch möglich, konstante Werte (Konstanten) für den gesamten Programmablauf zu definieren. Einem Bedingungsnamen (Stufennummer 88) muß immer ein Wert durch VALUE zugewiesen werden.
Der durch die VALUE-Klausel zugewiesene Wert darf nicht im Widerspruch zu der zugehörigen PICTURE-Klausel stehen. Numerische Werte müssen als numerisches Literal angegeben werden, alphabetische und alphanumerische Werte entsprechend durch diese Literale. Die Länge eines Literals sollte mit der Längenangabe in der PICTURE-Klausel übereinstimmen.

Format:

Stufennummer Datenname [PICTURE IS *Maske*] VALUE IS *Literal.*

Beispiele:

77 WERT1 PICTURE 9(5) VALUE 12345.
Ø5 WERT2 PICTURE 999V9 VALUE 123.4.
77 NAME PICTURE A(5) VALUE 'FRITZ'.
Ø2 WOHNORT PICTURE X(13) VALUE '8000 MUENCHEN'.

Bedingungsname: (hierbei ist keine PICTURE-Klausel erlaubt!)

Ø2 FARBE PICTURE 9.
88 ROT VALUE 1.
88 BLAU VALUE 4.
88 GELB VALUE 6.

Wenn die Anzahl der Zeichen in der VALUE-Klausel nicht mit der Anzahl der in der PICTURE-Eintragung festgelegten Zeichen übereinstimmt, wird folgendes veranlaßt:

- Bei einer VALUE-Eintragung, welche weniger Zeichen enthält, als die PICTURE-Eintragung angibt, wird bei
  numerischen Werten dezimalpunktgerecht abgespeichert und mit Nullen aufgefüllt;
  alphabetischen und *alphanumerischen* Werten linksbündig abgespeichert, wobei mit Leerstellen aufgefüllt wird. Eine Änderung dieser Vorschrift tritt nur ein, wenn die JUSTIFIED RIGHT-Klausel (siehe Abschnitt 4.1.6.) angegeben wird.
- Ist das, in der VALUE-Klausel angegebene Literal größer als das definierte Datenelement, so wird bei
  numerischen Werten dezimalpunktgerecht abgespeichert, wobei die überschüssigen Ziffern abgetrennt werden;
  alphabetischen und *alphanumerischen* Zeichen ein Fehler erkannt.

3.3.5. FILE-SECTION (Kapitel Dateien)

Dieses Kapitel enthält Informationen über die im Programm verarbeiteten Eingabe- und/oder Ausgabedateien. Dabei sind für jede Datei Angaben über deren physikalischen Merkmale und den Satzaufbau zu machen.
Um die physikalischen Merkmale zu verstehen, sollen vorerst einige grundlegende Begriffe erklärt werden.
Eine Datei ist eine Ansammlung von zueinandergehörenden logischen Sätzen, die in ihrer Gesamtheit auf einem externen Medium (Lochkartenstapel, Magnetband, Magnetplatte usw.) abgespeichert sind. Diese Sätze können je nach Notwendigkeit eine feste, variable oder undefinierte Länge besitzen.

Beispiel: (feste Satzlänge)

KA	ART-BEZ	MENGE	EINZ-PR	LEER

|←— 1 Logischer Satz (RECORD) —→|
= 80 Bytes (CHARACTERS) lang

Um den Lese- bzw. Schreibvorgang bei der Verarbeitung zu beschleunigen, können innerhalb einer Datei mehrere Sätze zu einem Block zusammengefaßt werden.

Beispiel:

KA	ART-BEZ	....	KA	ART-BEZ	....	KA	ART-BEZ	....

```
|<---- 1. Satz ---->|<---- 2. Satz ---->|<---- 3. Satz ---->|
|<------- 1 Block (BLOCK) = 3 Sätze (RECORDS) -------------->|
          = 3 x 80 = 240 Bytes (CHARACTERS)
```

Die für die Verarbeitung günstigste Satz- bzw. Blocklänge sollte vom Programmierer zwischen 1000 und 2000 Bytes (Characters) gewählt werden.

3.3.5.1. Dateierklärung

Eine Dateierklärung muß für jede im Programm zu verarbeitende Datei angegeben werden. Diese Erklärung enthält alle Angaben über die physikalischen Eigenschaften der zu verarbeitenden Datei, wobei die einzelnen Klauseln nicht in der angegebenen Reihenfolge erscheinen müssen. Einzelne Klauseln können, wenn nicht benötigt, entfallen.

Format:

<u>FD</u> *Dateiname*

[<u>RECORDING</u> MODE IS {<u>F</u> | <u>V</u> | <u>U</u>}]

[<u>BLOCK</u> CONTAINS *Ganzzahl* {CHARACTERS | <u>RECORDS</u>}]

[<u>RECORD</u> CONTAINS [*Ganzzahl-1* TO] *Ganzzahl-2* CHARACTERS]

<u>LABEL</u> {<u>RECORD</u> IS | <u>RECORDS</u> ARE} {<u>STANDARD</u> | <u>OMITTED</u> | *Datenname*}

<u>DATA</u> {<u>RECORD</u> IS | <u>RECORDS</u> ARE} *Datensatzname...* .

FD (File Description)

kennzeichnet den Anfang der Dateierklärung und muß von dem Dateinamen gefolgt sein. Dieser Dateiname sollte auf den ersten 6–8 Stellen (je nach Hersteller der EDV-Anlage) eindeutig sein, da eine Zusammenarbeit mit dem Betriebssystem gewährleistet sein muß. FD muß an der A-Begrenzung beginnen und vor allen anderen Klauseln stehen.

RECORDING MODE-Klausel

Mit dieser Klausel wird der Satz-Modus innerhalb einer Datei bestimmt.
Durch die Angabe von F (Fixed length) wird ausgesagt, daß alle Datensätze der Datei gleich lang sind.
Ein V (Variable length) kennzeichnet Datensätze variabler Länge. Bei dieser Angabe wird durch den COBOL-Compiler vor jedem Datensatz ein Steuerfeld erzeugt, welches später die aktuelle Länge des Satzes enthält.
Die Angabe U (Undefined length) steht ebenfalls für variable Datensatzlängen, jedoch wird kein Steuerfeld erzeugt. Sätze mit diesem Modus dürfen im Gegensatz zu F und V nicht geblockt werden!
Wenn die RECORDING MODE-Klausel fehlt, wird immer der Modus V angenommen.

BLOCK CONTAINS-Klausel

Wenn mehrere Datensätze zu einem BLOCK zusammengefaßt sind, ist es erforderlich, diese Klausel zu belegen. Durch *Ganzzahl* wird entweder die Anzahl der einzelnen Zeichen (CHARACTERS) oder die Anzahl der Sätze (RECORDS) innerhalb eines Blocks angegeben.
Wenn nur *Ganzzahl* angegeben wird, so ist damit die Anzahl der Zeichen (CHARACTERS) innerhalb des Blocks angezeigt. Die BLOCK CONTAINS-Klausel kann entfallen. In diesem Fall wird keine Blockung vorgenommen. Ein Datensatz entspricht dann einem Block.

RECORD CONTAINS-Klausel

Mit dieser Klausel kann der COBOL-Programmierer die Länge eines Datensatzes dokumentarisch festlegen. *Ganzzahl-1* und *Ganzzahl-2* geben die Anzahl der Zeichen (CHARACTER) innerhalb eines Satzes an. Bei unterschiedlichen Satzlängen wird mit *Ganzzahl-1* die Zeichenzahl des kleinsten Satzes, mit *Ganzzahl-2* diejenige des größten Satzes innerhalb der Datei angegeben. Bei konstanter Satzlänge ist nur *Ganzzahl-2* erforderlich.
Die RECORD CONTAINS-Klausel kann entfallen. Sie dient nur zur Dokumentation für den Programmierer. Das vom Compiler erstellte Programm berechnet die jeweilige Satzlänge aus der Datensatzerklärung, welche der Dateierklärung folgt.

LABEL RECORD-Klausel

Diese Klausel muß angegeben werden. Durch sie wird beschrieben, mit welcher Art von Etiketten die Datei beschrieben bzw. geschützt ist.
Erklärend werden hier kurz die drei in der SELECT-Klausel (Abschnitt 4.1.9.)

anzugebenden Geräteklassen erläutert, da eine Übereinstimmung der Angaben in der LABEL RECORD und der SELECT-Klausel bestehen muß. Für Dateien, deren Zugriff seriell (sequentiell) erfolgt, ist die Geräteklasse UTILITY (für Magnetband, Magnetplatte) oder UNIT-RECORD (für Kartenleser, Kartenstanzer, Drucker) anzugeben.
Ist eine Datei dermaßen organisiert, daß zu dem betreffenden, zu verarbeitenden Satz Direktzugriff besteht (siehe Abschnitt 5), so muß die Geräteklasse DIRECT-ACCESS heißen. In diesem Fall ist es nur sinnvoll, die Datei auf einer Magnetplatte oder einem Magnetkartenspeicher zu führen.

Zurückkehrend zur LABEL RECORD-Klausel wird folgendes festgehalten:

STANDARD muß für alle Dateien, welche UTILITY- oder DIRECT-ACCESS-Geräten zugeordnet sind, verwendet werden. STANDARD zeigt an, daß Standard-Etiketten vorhanden sind.

OMITTED ist bei allen Dateien, welche UNIT-RECORD-Geräten zugewiesen sind, anzugeben. OMITTED besagt, daß keine Etiketten verwendet werden.

Datenname wird angegeben, wenn sogenannte Benutzeretiketten verarbeitet werden sollen. Er darf nur bei Dateien mit sequentieller Organisation angegeben werden. (Näheres darüber ist aus den Handbüchern der EDV-Hersteller zu entnehmen!)

DATA RECORD-Klausel

Auf jede Dateierklärung folgt die Beschreibung eines oder mehrerer Datensätze. Diese Datensätze beginnen jeweils mit der Stufennummer Ø1 und dem Satznamen (siehe Abschnitt 3.3.1).
Wenn in der DATA RECORD-Klausel mehrere Satznamen angegeben werden, muß für jeden Satz eine eigene Datensatzerklärung geschrieben werden. Diese müssen direkt der entsprechenden Dateierklärung folgen, jedoch ist ihre Reihenfolge unabhängig von der Reihenfolge in der Angabe der DATA RECORD-Klausel.
Bei Angabe von mehreren Datensätzen in der Dateierklärung benutzt jeder Satz denselben Speicherbereich im Kernspeicher. Der Programmierer muß daher vor der Verarbeitung des Satzes prüfen, welcher der verschiedenen Datensätze gerade im Kernspeicher zur Verfügung steht.

Die **Dateierklärung** wird mit einem Punkt, welcher direkt hinter das letzte Zeichen gesetzt wird, abgeschlossen. Darauf muß mindestens ein Leerzeichen folgen. Zwischen den einzelnen Worten muß ebenfalls mindestens ein Leerzeichen gesetzt werden.

Beispiele:

```
FD KARTENDATEI
    RECORDING MODE IS F
    RECORD CONTAINS 8Ø CHARACTERS
    LABEL RECORD IS OMITTED
    DATA RECORD IS KARTENSATZ.

Ø1 KARTENSATZ.
   Ø2 KART-ART PICTURE X (3).
   Ø2 NAME.
      Ø3 VORNAME PICTURE X (1Ø).
      Ø3 NACHNAME PICTURE X (15).
   Ø2 WOHNUNG.
      Ø3 POSTLEITZAHL PICTURE 9 (4).
      Ø3 ORT PICTURE X (15).
      Ø3 STRASSE PICTURE X (2Ø).
      Ø3 NUMMER PICTURE 9 (3).
   Ø2 LEER PICTURE X (1Ø).

FD BAND-DATEI
    RECORDING F
    LABEL RECORD STANDARD
    DATA RECORD BAND-SATZ1  BAND-SATZ2.

Ø1 BAND-SATZ1.
   Ø2 SATZART PICTURE X (5).
   Ø2 ARTIKEL-NR PICTURE 9 (5).
   Ø2 ART-BEZEICHNUNG PICTURE X (2Ø).
      .      .          .          .
      .      .          .          .
      .      .          .          .

Ø1 BAND-SATZ2.
   Ø2 SATZART PICTURE X (5).
   Ø2 KUNDEN-NR PICTURE 9 (3).
   Ø2 NAME.
```

```
      Ø3 VORNAME PICTURE X (10).
      Ø3 NACHNAME PICTURE X (15).
     Ø2 ORT.
      .
      .
```

In dem zweiten Beispiel enthält die Datei BAND-DATEI zwei Datensatzerklärungen mit unterschiedlicher Aufteilung. Da derselbe Kernspeicherplatz benutzt wird, muß z. B. nach dem Einlesen des Satzes abgefragt werden, welche der beiden Satztypen (SATZART) gerade den Bereich im Kernspeicher belegt.

Anmerkung: In der FILE SECTION werden alle Ein- oder Ausgabedateien, die im Programm behandelt werden, beschrieben. Dabei folgt jeder Dateierklärung (FD) mindestens eine Datensatzerklärung.
In der FILE SECTION dürfen nur die Stufennummern Ø1 bis 49 und 88 benutzt werden.

3.3.6. WORKING-STORAGE SECTION

In diesem Kapitel werden alle Daten definiert, welche nicht Bestandteil von Dateien sind oder an ein separates Unterprogramm weitergegeben werden sollen (siehe LINKAGE SECTION und Abschnitt 6).
Es können alle gültigen Stufennummern verwendet werden, wobei die Stufennummer 77 den sogenannten unabhängigen Arbeitsspeicher kennzeichnet und die Stufennummer Ø1 bis 49 den abhängigen Arbeitsspeicher.
Unter unabhängig wird in diesem Fall verstanden, daß die mit 77 definierten Datenelemente in keinerlei Beziehung zueinander stehen. Sie sind nicht in eine hierarchische Struktur eingegliedert und können nicht weiter unterteilt werden. Für jedes Element muß eine eigene Definition mit der Stufennummer 77 geschrieben werden (Abschnitt 3.3.1.2).
Der abhängige Arbeitsspeicher wird wie eine Datensatzerklärung mit den Stufennummern Ø1 bis 49 beschrieben, wobei die gleichen Regeln wie in Abschnitt 3.3.1.1 gelten.
Bedingungsnamen (Stufennummer 88) können in der gesamten WORKING-STORAGE SECTION angegeben werden. Sie dürfen jedoch nur in Verbindung mit einem Datenelement erscheinen (Stufe 77 oder Ø2 bis 49).

Anmerkung: Die Erklärungen des unabhängigen Arbeitsspeichers (Stufennummer 77) müssen in ihrer Gesamtheit vor denjenigen des abhängigen Arbeitsspeichers stehen (Stufennummer Ø1 bis 49).

Beispiel:

```
WORKING-STORAGE SECTION.
  77 INDEX1      PICTURE S9(3) COMPUTATIONAL.
  77 ZWIBER      PICTURE 9(6) COMPUTATIONAL-3.
  77 ZEICHEN     PICTURE X(5) VALUE 'ABCDE'.
  Ø1 DATUM.
    Ø2 TAG       PICTURE 9 (2).
    Ø2 PUNKT1    PICTURE X VALUE '.'.
    Ø2 MONAT     PICTURE 9(2).
    Ø2 PUNKT2    PICTURE X VALUE '.'.
    Ø2 JAHR      PICTURE 9(4).
```

3.3.7. LINKAGE SECTION

Dieses Kapitel wird nur benötigt, wenn Daten von einem aufrufenden Programm an ein Unterprogramm übergeben werden sollen. Dabei ist das Unterprogramm eine selbständige Einheit, die jedoch von einem anderen Programm Daten übernimmt, bzw. an dieses zurückgibt (Abschnitt 6).

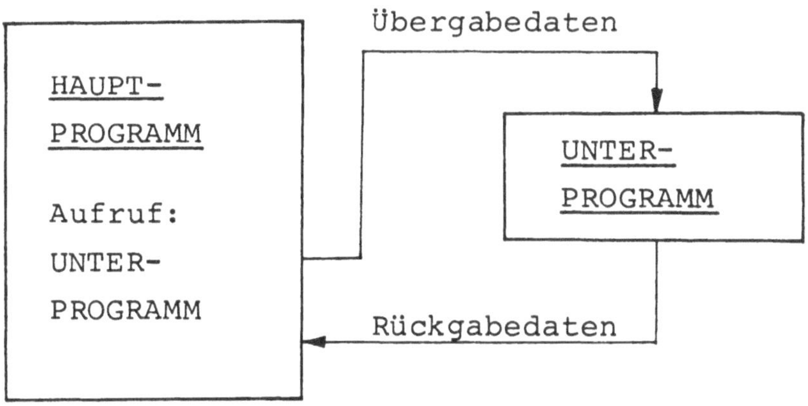

Abb. 8: Prinzip der Programmsegmentierung

Die LINKAGE SECTION ist genauso aufgebaut wie die WORKING-STORAGE SECTION. Es gelten die dortigen festgesetzten Regeln mit einer Ausnahme: Die Stufennummer 88 darf nicht erscheinen.

3.4. PROCEDURE DIVISION (Prozedurteil)

Diese DIVISION ist das eigentliche Programm mit den Befehlsfolgen, wie sie die Verarbeitung eines Problems vorsieht. Hier werden alle Anweisungen, welche der Programmierer möglichst schon vorher global in einem Programmablaufplan festgelegt hat, in die COBOL-Sprache umgesetzt und nacheinander aufgeführt. Dabei kann die sequentielle Bearbeitungsfolge des Programms durch Sprunganweisungen oder Unterprogrammaufrufe geändert werden. Das Programm selbst kann in einzelne zusammenhängende Teile aufgegliedert werden (Kapitel, Paragraphen), so daß eine größere Übersichtlichkeit entsteht. Kommentare, welche nichts mit dem Programmablauf zu tun haben, können eingesetzt werden, um die Verarbeitung zu erläutern.
Alle diese Möglichkeiten der RPOCEDURE DIVISION werden in dem folgenden Abschnitt 4 (Programmierung in COBOL) behandelt. Dabei ist Wert darauf gelegt worden, den Leser nach und nach in die Probleme der COBOL-Programmierung einzuweisen und ihn anhand von immer weiterführenden Beispielen dorthin zu führen, wo die Absicht dieses Buches liegt; ein gut fundiertes Wissen über COBOL zu erlangen, mit dessen Hilfe der Leser sich nicht zu scheuen braucht, direkt in die Programmierung einzusteigen. Die Routine und Pfiffigkeit eines erfahrenen COBOL-Programmierers wird er aber sicher erst nach geraumer Zeit der praxisverbundenen Anwendung erreichen.

4. Programmierung in COBOL (sequentielle Verarbeitung)

Der ungeduldige Leser wird schon sehr darauf gewartet haben, endlich zu erfahren, wie ein Problem, welches er anhand der COBOL-Sprache lösen möchte, beschrieben werden muß. Leider ist es so, daß nun einmal gewisse Vorkenntnisse und Begriffe behandelt werden mußten, um den folgenden Stoff leichter verstehen zu können. Wenn in den Abschnitten 2 und 3 diese Kenntnisse auf sehr trockene und konzentrierte Art behandelt wurden, so werden diese jetzt direkt in der Anwendung gezeigt, so daß sich der Stoff weiter vertiefen dürfte. Die Abschnitte 2 und 3 behandeln außerdem nur das für das Anfangsverständnis unbedingt notwendige Wissen. Auf zusätzlichen Anwendungen wird nach und nach in diesem Abschnitt eingegangen.
Um dies zu erreichen, wollen wir (der Autor wählt ab jetzt diese Form, weil er dem Leser ein Gefühl der guten Zusammenarbeit geben will!) Schritt für Schritt schwierigere Probleme aufnehmen, die uns in die Gesamtheit derjenigen Möglichkeiten der COBOL-Sprache einweiht, welche ein COBOL-Programmierer auf jeden Fall mitbringen muß, um später in seiner Arbeit Fortschritte erzielen zu können.

Beginnen wir mit einem Beispiel, dessen Problemstellung wie folgt umrissen ist:

4.1. Aufgabe 1

Wir haben die Aufgabe, aus einer Lochkartendatei eine Ausgabeliste zu erstellen, welche auf einem Schnelldrucker (interner Name im Rechenzentrum DRUCKER-1) erscheinen soll. Die Reihenfolge der Druckzeilen ist identisch mit der Sortierung der Lochkarten, die über einen Lochkartenleser (interner Name im Rechenzentrum LESER-1) eingelesen werden sollen. Die Anordnung der Druckfelder weicht jedoch von der Anordnung der Felder auf der Lochkarte ab.

Eingabe: KARTE

KA	ART-NR	EINZ-PREIS	BEZEICHNUNG	MENGE	LEER
1 2	3 7	8 12	13 27	28 31	32 80

Abb. 9: Eingabe für Aufgabe 1

Ausgabe: LISTE

ART-NR	BEZEICHNUNG	MEN-GE	EINZ PREIS
12345	SCHREIBMASCHINE	1380	71625
02341	KOPIERGERAET	0320	96000
43210	SCHREIBTISCH T8	0067	32580
43156	STUHL S3	0006	09975
2 6	7 21	22 25	26 30

Abb. 10: Ausgabe für Aufgabe 1

Um die Aufgabenstellung noch zu verdeutlichen, wollen wir sie in einzelne Schritte zerlegen:

Schritt 1: Einlesen einer Karte in den dafür vorgesehenen Eingabe-Kernspeicherbereich.

Schritt 2: Umwandeln der Reihenfolge der Lochkartenfelder in die Reihenfolge der Ausgabezeile. Dabei benutzt der Ausgabebereich einen eigenen Bereich mit entsprechender Aufteilung im Kernspeicher.

Schritt 3: Ausgabe der umgewandelten Zeile auf dem Schnelldrucker.

Danach wird zu *Schritt 1* zurückgesprungen, und zwar so lange, bis das Ende des Kartenstapels erkannt wird. Dies geschieht durch Einlesen einer speziellen Steuerkarte, in deren ersten beiden Spalten die Zeichen /* abgelocht sind. (Diese Zeichen sind jedoch betriebssystemabhängig und müssen gegebenenfalls im Rechenzentrum erfragt werden!).

Zunächst wollen wir den Programmablaufplan für dieses Beispiel erstellen, der global gehalten ist und die einzelnen Schritte der Verarbeitung allgemein aufzeigt (siehe Abb. 11).

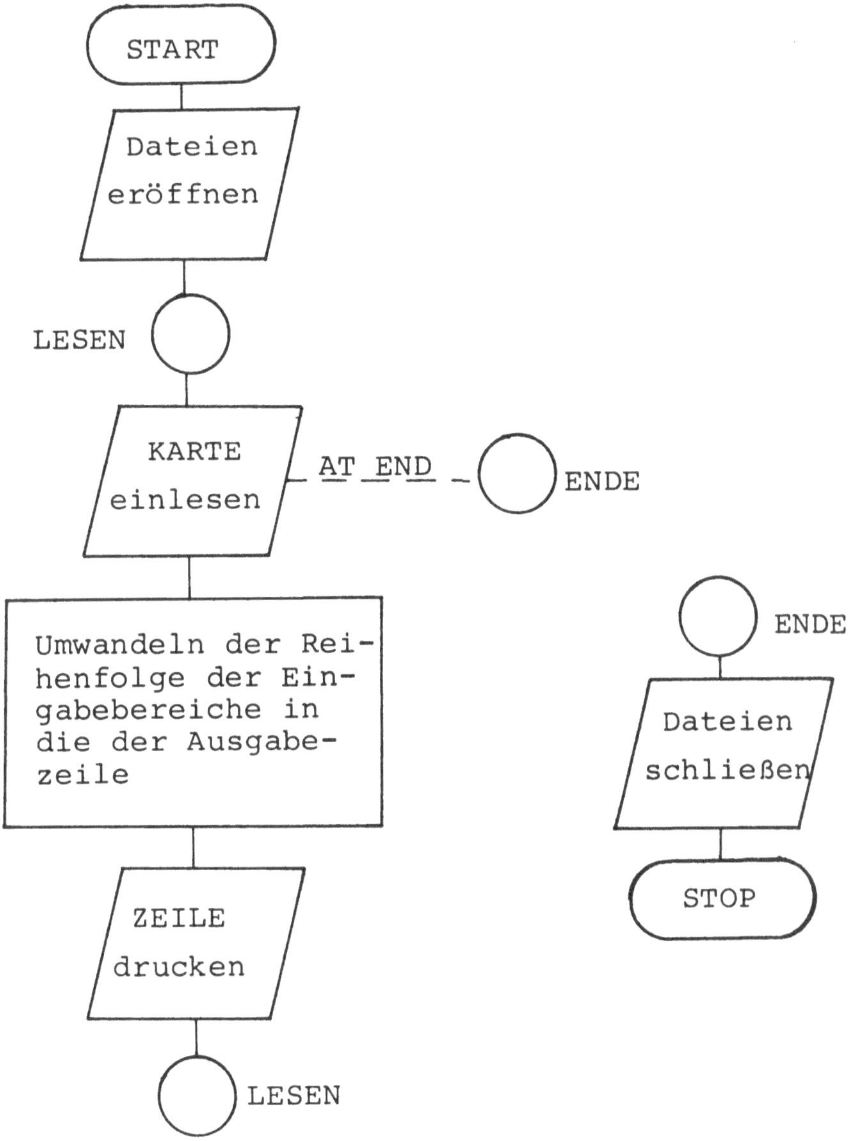

Abb. 11: Programmablaufplan zu Aufgabe 1

Bevor wir uns der Programmierung zuwenden, wollen wir die in diesem Beispiel vorkommenden Befehlsstrukturen allgemein erläutern. Alle diese Anweisungen, die der Rechenanlage eine gezielte Verarbeitungsform vorschreiben, sind Bestandteil der PROCEDURE DIVISION.

4.1.1. Marken

Die Anfangsmarke START bzw. alle anderen im Programm verwendeten Marken (LESEN, ENDE) beginnen an der A-Begrenzung und werden von einem Punkt mit folgendem Leerzeichen abgeschlossen. Marken werden wie in Abschnitt 2.2.2 d) besprochen, verwendet.

4.1.2. OPEN-Befehlswort

Bevor zu einer Datei durch einen Lese- oder Schreibbefehl zugegriffen werden kann, muß diese eröffnet werden. Die Eröffnung bewirkt, daß durch das Betriebssystem des Rechners eine Überprüfung der Etiketten erfolgt (wenn vorhanden) und danach die Datei zur Aufnahme bzw. Ausgabe des ersten in ihr enthaltenen Datensatzes positioniert wird. Der Eröffnungsbefehl hat in COBOL folgendes allgemeines

Format:

```
OPEN   [INPUT Dateiname-1...]
       [OUTPUT Dateiname-2...]
       [I-O Dateiname-3...]
```

Durch INPUT wird ausgesagt, daß es sich um die so bezeichneten Dateien, um reine Eingabedateien handelt. OUTPUT bestimmt, daß diese Dateien nur als Ausgabedateien verwendet werden dürfen. Durch die Angabe I-O (Input-Output) werden Dateien eröffnet, zu denen sowohl durch Eingabe- als auch Ausgabebefehle zugegriffen werden kann (siehe später in Abschnitt 5).

4.1.3. CLOSE-Befehlswort

Nachdem eine durch OPEN eröffnete Datei verarbeitet wurde, spätestens jedoch bei Programmende, muß diese wieder geschlossen werden. Dies geschieht durch die Angabe von

Format:

```
CLOSE  Dateiname-1  Dateiname-2...
```

Beim Schließen der Datei wird nicht mehr auf die erfolgte Verarbeitungsart der Datei eingegangen.

Anmerkung: Alle Dateien, die durch OPEN eröffnet wurden, müssen vor dem Programmende durch CLOSE wieder geschlossen werden.

4.1.4. READ- und WRITE-Befehlswort

Zu einer Datei kann durch READ (lesen) oder WRITE (schreiben) zugegriffen werden. Das allgemeine Format dieser Anweisungen ist:

Format:

READ *Dateiname* RECORD [INTO *Datenname*] AT END
unbedingte Befehle

WRITE *Satzname* [FROM *Datenname*]

Beim **Lesen** (READ) einer sequentiell organisierten Datei wird der erste Datensatz bzw. danach alle folgenden Sätze, in den durch eine Dateierklärung und eine Datensatzerklärung freigehaltenen Eingabebereich des Kernspeichers gestellt. Von hier aus erfolgt dann die Verarbeitung. Wenn die Ende-Bedingung (AT END) erfüllt ist, können unbedingte Befehle ausgeführt werden, z. B. CLOSE, STOP, GO TO usw. Durch die Angabe INTO *Datenname* wird der betreffende Satz zusätzlich in einen in der WORKING-STORAGE SECTION unter *Datenname* definierten Bereich abgelegt und kann auch von dort aus bearbeitet werden.

Das **Schreiben** (WRITE) eines Satzes erfolgt dadurch, daß die in dem Ausgabebereich aufbereiteten Informationen an ein externes Gerät weitergeleitet werden und dort in der Aufteilung erscheinen, wie sie der Programmierer durch die Unterteilung seines Ausgabe-Datensatzes vorgenommen hat. Durch Angabe von FROM *Datenname* kann direkt die Ausgabe eines in der DATA DIVISION definierten Bereichs vorgenommen werden. Dadurch fällt ein Übertragungsbefehl (MOVE) dieser Daten in den Ausgabesatz weg.

Anmerkung: Beim READ-Befehl muß der *Dateiname* angegeben werden, bei WRITE der *Satzname.* Alle Befehle, die unabhängig von einer vorher zu analysierenden Bedingung ablaufen sollen, heißen unbedingte Befehle. Zu diesen gehören die schon besprochenen Befehle OPEN, CLOSE, READ und WRITE.

Weitere unbedingte Befehle, welche wir in unserem Beispiel benötigen, sind:

4.1.5. GO TO-Befehlswort

Format:

GO TO *Marke*

Mit dieser Anweisung kann der Programmierer den sequentiellen Ablauf seiner Programmfolge verändern und je nach Problemstellung einen Vorwärts- oder Rückwärtssprung vornehmen. Dabei ist *Marke* die im Programm gewählte Ansprungstelle.

4.1.6. MOVE-Befehlswort (einfache Darstellung)

Format:

$$\underline{\text{MOVE}} \left\{ \begin{array}{l} \textit{Datenname-1} \\ \textit{Literal} \\ \textit{figurative Konstante} \end{array} \right\} \quad \underline{\text{TO}}\ \textit{Datenname-2}$$

Wir wollen diesen Befehl vorerst in seinem einfachen Format betrachten und dazu festlegen:

Durch den MOVE-Befehl wird der Inhalt eines Kernspeicherfeldes *Datenname-1* in das Kernspeicherfeld *Datenname-2* übertragen. Der Inhalt von *Datenname-1* bleibt dabei unverändert erhalten. Anstelle von *Datenname-1* können auch *Literale* bzw. *figurative Konstanten* angegeben werden, deren Verwendung in Abschnitt 4.2.2. gezeigt wird.

Grundsätzlich wollen wir vorerst annehmen, daß die beiden in der Übertragung angesprochenen Datenfelder derselben Datenklasse (numerisch, alphabetisch oder alphanumerisch) angehören müssen. Diese Regel werden wir später etwas abändern und dabei feststellen, daß gewisse Kombinationen der Datenklasse bei einer MOVE-Anweisung möglich sind. Die folgende **Grundregel** bleibt dabei jedoch immer erhalten:

> Bei einer **numerischen** Übertragung wird dezimalpunktgerecht übertragen, wobei bei kürzerem Empfangsfeld Ziffern abgetrennt werden und bei längerem Empfangsfeld mit *Nullen* aufgefüllt wird.
>
> Bei **alphabetischen** und **alphanumerischen** Übertragungen wird jedes Zeichen von links nach rechts übertragen. Dabei wird bei kürzerem Empfangsfeld nicht die ganze Information abgespeichert, d. h. die nicht mehr aufnehmbaren Zeichen werden abgetrennt. Ist das Empfangsfeld länger als das Sendefeld, so wird mit *Leerzeichen* aufgefüllt.

Diese Regel kehrt sich um, d. h. die Übertragung wird von rechts beginnend nach links vorgenommen, wenn bei der Definition des Empfangsfeldes die Klausel JUSTIFIED RIGHT angegeben wurde (z. B. 77 DAT-NAM-1 PICTURE X(10) JUSTIFIED RIGHT.)

Beispiele:

```
77 DATENNAME-1 PICTURE 9(6).    77 DATENNAME-2 PICTURE 9(3).

| Ø | Ø | Ø | 1 | 2 | 3 | ——► | 1 | 2 | 3 |

MOVE DATENNAME-1  TO  DATENNAME-2.


77 DATENNAME-1 PICTURE 9(4)V9(2).  77 DATENNAME-2 PICTURE 9(4)V9.

| 1 | 2 | 3 | 4 | 5 | 6 | ——► | 1 | 2 | 3 | 4 | 5 |

MOVE DATENNAME-1  TO  DATENNAME-2.


77 DATENNAME-1 PICTURE X(5).   77 DATENNAME-2 PICTURE X(9).

| A | N | T | O | N | ——► | A | N | T | O | N | ␣ | ␣ | ␣ | ␣ |

MOVE DATENNAME-1   TO   DATENNAME-2.


77 DATENNAME-1 PICTURE A(7).   77 DATENNAME-2 PICTURE A(5).

| A | N | T | O | N | I | A | ► | A | N | T | O | N |

MOVE DATENNAME-1   TO   DATENNAME-2.


77 DATENNAME-1 PICTURE X(5).   77 DATENNAME-2 PICTURE X(7)
                                         JUSTIFIED RIGHT.

| F | R | I | T | Z | ——► | ␣ | ␣ | F | R | I | T | Z |

MOVE DATENNAME-1   TO   DATENNAME-2.
```

4.1.7. STOP-Befehlswort

Durch diesen Befehl kann die Verarbeitung beendet bzw. unterbrochen werden.

Format: STOP $\left\{\begin{array}{l}\underline{\text{RUN}}\\ \textit{Literal}\end{array}\right\}$

Durch die Angabe von STOP RUN wird das Programm beendet.
Die zweite Form gibt dem Programmierer die Möglichkeit, sein Programm auf einen Zwischenstop zu leiten. Dabei wird das angegebene Literal mit einer vom Übersetzer erzeugten Meldung ausgegeben. Das Programm kann fortgesetzt werden, wenn diese Meldung über den Bedienungsblattschreiber (CONSOLE) wieder eingegeben wird.

4.1.8. COBOL-Begriffe

Bevor wir uns jetzt der Programmierung der ersten Aufgabe zuwenden, kurz noch einige Begriffe, die uns in diesem Buch immer wieder begegnen werden.

COBOL-Anweisung (COBOL-Befehl)
Ein Befehl ist eine Zusammensetzung aus einem COBOL-Befehlswort und seinen Operanden (*Datennamen, Marken* usw.). Die Eintragung im Ablochschema beginnt frühestens ab der B-Begrenzung und darf nicht über die 72. Spalte hinausgehen. Eine Fortsetzung in einer oder mehreren Zeilen ist erlaubt. Die Begriffe *Befehl* und *Anweisung* haben gleiche Bedeutung:

Unbedingte Anweisung
Befehl, der keiner Prüfung einer Bedingung unterliegt, d. h. auf jeden Fall ausgeführt wird, wenn ihn der Programmablauf erreicht.

Bedingte Anweisung
Befehl, dessen Ausführung von der Prüfung einer Bedingung abhängig ist (z. B. READ... AT END... heißt, die Anweisungen nach AT END werden nur dann ausgeführt, wenn die Ende-Bedingung erfüllt ist).

Marke (Paragraph)
Ansprungstelle im Programm, um Vorwärts- oder Rückwärtssprünge vornehmen zu können. Beginn an der A-Begrenzung. Ebenso wie *Marken* müssen alle DIVISION- und SECTION-Namen an der A-Begrenzung im Ablochschema beginnen.

Abb. 12: COBOL-Programm der Aufgabe 1

```
001010 IDENTIFICATION DIVISION.
001030 PROGRAM-ID.          'AUFG-1'.
001040 AUTHOR.              HAMBECK, KLAUS.
001050 DATE-WRITTEN.        1.JULI 1971.
001060 DATE-COMPILED.       TODAY.
001070 REMARKS.             DRUCKPROGRAMM, WELCHES LOCHKARTEN IN
001080                      VERAENDERTER REIHENFOLGE IHRER AUFTEILUNG
001090                      AUSDRUCKT.

001110 ENVIRONMENT DIVISION.
001130 INPUT-OUTPUT SECTION.
001140 FILE-CONTROL.
001150     SELECT KARTE ASSIGN TO 'SYS010' UNIT-RECORD LESER-1.
001160     SELECT LISTE ASSIGN TO 'SYS011' UNIT-RECORD DRUCKER-1.

001180 DATA DIVISION.
001190 FILE SECTION.
001200 FD  KARTE RECORDING F  LABEL RECORD OMITTED
001210     DATA RECORD E-KARTE.
001230 01  E-KARTE.
001240   02 E-KARTENART         PICTURE  XX.
001250   02 E-ARTIKELNUMMER     PICTURE  9(5).
002010   02 E-EINZELPREIS       PICTURE  9(5).
002020   02 E-BEZEICHNUNG       PICTURE  X(15).
002030   02 E-MENGE             PICTURE  9(4).
002060 FD  LISTE RECORDING F LABEL RECORD OMITTED DATA RECORD ZEILE.
002070 01  ZEILE.
002080   02 Z-ARTIKELNUMMER     PICTURE  9(5).
002090   02 Z-BEZEICHNUNG       PICTURE  X(15).
002100   02 Z-MENGE             PICTURE  9(4).
002110   02 Z-EINZELPREIS       PICTURE  9(5).

002130 PROCEDURE DIVISION.
002150 START.  OPEN INPUT KARTE, OUTPUT LISTE.
002160 LESEN.  READ KARTE     AT END GO TO ENDE.
002180     MOVE E-ARTIKELNUMMER    TO Z-ARTIKELNUMMER.
002190     MOVE E-EINZELPREIS      TO Z-EINZELPREIS.
002200     MOVE E-BEZEICHNUNG      TO Z-BEZEICHNUNG.
002210     MOVE E-MENGE            TO Z-MENGE.
002230     WRITE ZEILE.
002240     GO TO LESEN.
002260 ENDE.   CLOSE KARTE  LISTE  STOP RUN.
```

4.1.9. Erklärungen zu Aufgabe 1

In der IDENTIFICATION DIVISION muß hinter dem Paragraphen PROGRAM-ID der Name des Programms folgen. In unserem Beispiel ist dafür die Bezeichnung 'AUFG-1' vergeben worden. Alle anderen Paragraphen in dieser DIVISION können entfallen, sollten aber aus dokumentarischen Gründen teilweise angegeben werden.

In der ENVIRONMENT DIVISION haben wir die CONFIGURATION SECTION fortfallen lassen. Sie hat nur einen erklärenden Charakter. In der INPUT-OUTPUT SECTION muß jede im Programm verarbeitete Datei einem externen Gerät zugeordnet werden. Dies geschieht durch die SELECT-Klausel, die für uns vorerst folgendes **Format** besitzt:

SELECT *Dateiname* ASSIGN TO *Externer Name*

$$\left\{\begin{array}{l}\underline{\text{UNIT-RECORD}}\\ \underline{\text{UTILITY}}\\ \underline{\text{DIRECT-ACCESS}}\end{array}\right\}$$ *Gerätename* UNIT [S].

Dateiname wird vom Programmierer vergeben und muß mit dem in der DATA DIVISION hinter FD bezeichneten *Dateinamen* übereinstimmen.
Externer Name ist eine Bezeichnung die 6 Zeichen benötigt und in Apostrophe eingeschlossen sein muß. Dabei wird hinter dem konstanten Teil SYS eine dreistellige Zahl angegeben. Durch diesen Namen wird die so bezeichnete Datei durch eine weitere Steueranweisung (separate Steuerkarte vor dem COBOL-Programm oder über eine Konsolmeldung) direkt einem Gerät im Rechenzentrum zugeordnet. Mit UNIT-RECORD, UTILITY oder DIRECT-ACCESS wird die Geräteklasse angegeben.
UNIT-RECORD bezeichnet dabei ein Gerät, welchem nur seriell organisierte Dateien zugeordnet werden können. Es darf keine Blockung vorgenommen werden. Geräte dieser Klasse sind Kartenleser, Lochstreifenleser, Drucker, Stanzer.
UTILITY bezeichnet Geräte, denen ebenfalls nur seriell (sequentiell) organisierte Dateien zugeordnet werden dürfen. Dabei ist jedoch eine Blockung der Datensätze erlaubt. Diese Geräte können Magnetbänder, Magnetplatten, Magnetkartenspeicher oder Trommelspeicher sein.
DIRECT-ACCESS-Geräten zugewiesene Dateien können sowohl sequentiell als auch direkt organisiert sein. Zu dieser Geräteklasse zählen Plattenspeicher, Magnetkartenspeicher und Trommelspeicher.

Die Angabe von *Gerätename* erfolgt durch die im Rechenzentrum festgelegten globalen Bezeichnungen für ein bestimmtes Gerät der angegebenen Geräteklasse.
In der DATA DIVISION wird in Aufgabe 1 nur die FILE SECTION benötigt, da keine anderen, in der WORKING-STORAGE SECTION zu definierenden Datenbereiche verwendet werden. Die FILE SECTION enthält jeweils die für die Eingabe- bzw. Ausgabedatei benötigten Informationen, wie sie in Abschnitt 3.3.5 besprochen wurden.
Die PROCEDURE DIVISION zeigt die eigentliche Verarbeitung. Sie beginnt mit einer *Marke* (hier: START). Vor jeder Verarbeitung einer Datei muß die Eröffnung derselben vorgenommen werden (OPEN . . .). Danach wird durch READ . . . der erste bzw. später durch Rücksprung an dieser Stelle alle folgenden

Sätze der Eingabedatei (KARTE) eingelesen und im Kernspeicher für die weitere Verarbeitung zur Verfügung gestellt. Durch MOVE-Anweisungen werden die Bereiche der Lochkarte in die veränderte Reihenfolge der Ausgabe (LISTE) gebracht. Danach folgt das Ausdrucken dieses neu aufbereiteten Datensatzes durch die Anweisung WRITE ZEILE.
Durch WRITE wird immer ein Zeilenvorschub auf dem Drucker vorgenommen, so daß jeder Satz in einer neuen Druckzeile erscheint.
Nach dem Ausdrucken wird zu LESEN zurückgesprungen, und die Verarbeitung in derselben Form so lange fortgeführt, bis das Ende der Eingabedatei erreicht ist. In diesem Fall wird zu ENDE verzweigt. Hier werden die Dateien geschlossen (CLOSE ...) und das Programm beendet (STOP RUN).
Nachdem die Aufgabe 1 sowohl von der Aufgabenstellung als auch von der Programmierung her keine großen Schwierigkeiten bereitet hat, wollen wir diese etwas abwandeln bzw. erweitern.

4.2. Aufgabe 2

Die Problemstellung der Aufgabe 1 wird in der Form abgeändert, daß nur noch diejenigen Karten mit der Kartenart 'A1' verarbeitet werden sollen. Diese Bezeichnung ist neben allen anderen Angaben ebenfalls in jeder Lochkarte eingetragen. Die Verarbeitung wird wie in Aufgabe 1 vorgenommen.
Dem aufmerksamen Leser ist bestimmt nicht entgangen, daß der Ergebnisausdruck der Aufgabe 1 noch zu wünschen übrig läßt. Zwischen den einzelnen Bezeichnungen und Worten liegen keine Zwischenräume, die es dem Betrachter ermöglichen, sofort einen Überblick über die Listenaufteilung zu bekommen. Außerdem ist der Einzelpreis in Pfennigen ausgedruckt; eine Angabe in Mark mit zwei Stellen hinter dem Dezimalpunkt wäre besser. Zuletzt wollen wir auch noch die *führenden Nullen* in den Zahlen durch Leerzeichen ersetzen und zwischen jeder neuen Druckzeile eine freie Zeile lassen.
Dadurch würde folgender geänderter Ausdruck erscheinen: (Überschrift und Strichaufteilung werden noch nicht vom Programm erstellt!)

ART-NR.	BEZEICHNUNG	MENGE	EINZ-PREIS
12345	SCHREIBMASCHINE	1380	716.25
2345	KOPIERGERAET	320	960.00
43210	SCHREIBTISCH T8	67	325.80
43156	STUHL S3	6	99.75
2 6	9 23	26 29	32 37

Abb. 13: Ausgabe für Aufgabe 2

Zunächst befassen wir uns mit dem neuen Ausdruck. In das Listenbild sind nun zwischen jedem auszudruckenden Bereich zwei freie Stellen aufgenommen worden. Diese Spalten müssen in der Datensatzerklärung des Ausgabebereichs definiert werden. Für die Datennamen dieser Leerfelder kann der Programmierer einen Namen seiner Wahl vergeben, z. B.:

∅2 Z-LEER PICTURE XX.

In COBOL bietet sich jedoch eine Möglichkeit an, Felder und Bereiche, welche im Programm niemals in einer Anweisung direkt angesprochen werden, mit einem speziellen Namen zu kennzeichnen. Dieser Datenname ist

4.2.1. FILLER

Ein FILLER kann auf jeder Datenstufe vergeben werden. Es ist jedoch zu beachten, daß ein so definierter Name nicht direkt im Programm angesprochen werden kann. Dies bedeutet, daß die Daten, welche in einem mit FILLER bezeichneten Feld abgespeichert sind, nicht durch diesen Namen aufgerufen werden können. Damit ist die Angabe des Namens FILLER nur sinnvoll, wenn es sich um Definitionen der Stufennummern ∅2 bis 49 handelt.

Format:

Stufennummer FILLER PICTURE IS *Maske.*

Soll der Inhalt eines FILLERS verarbeitet oder geändert werden, ist dies nur durch einen übergeordneten, ansprechbaren Begriff (Oberbegriff) möglich.

4.2.2. Konstante Wertzuweisungen

Der Programmierer steht oft vor der Aufgabe, einem Datenelement oder einer ganzen Datengruppe gewisse Anfangswerte zuzuweisen. Diese Zuweisung kann in der DATA DIVISION durch die VALUE-Klausel oder in der PROCEDURE DIVISION durch den MOVE-Befehl vorgenommen werden. In beiden Fällen muß dieser Wert (Literal) direkt als Zeichenfolge angegeben werden, und zwar in Übereinstimmung mit der Klasse des Datenelements, wie sie in der PICTURE-Klausel festgelegt wurde.

Beispiele:

In der DATA DIVISION

```
77 DAT-1      PICTURE X(5)  VALUE 'ANTON'.
77 DAT-2      PICTURE 9(6)  VALUE 123456.
Ø5 FILLER     PICTURE X(2)  VALUE'␣␣'.
```

In der PROCEDURE DIVISION

```
MOVE 'ANTON'  TO DAT-1.
MOVE 123456   TO DAT-2.
```

Die Zuweisung:

```
MOVE'␣␣' TO FILLER.
```

ist *falsch,* da ein mit FILLER definiertes Datenelement in der PROCEDURE DIVISION nicht direkt unter diesem Namen angesprochen werden kann.

4.2.2.1. Figurative Konstante

Wenn der Programmierer ein Datenelement oder einen Bereich auf einen Wert setzen möchte, welcher immer aus dem gleichen Zeichen besteht, so ist es nicht sinnvoll, das gesamte Literal in der unter 4.2.2 genannten Form anzugeben.
Es gibt dafür in COBOL die **Form**

ALL '*Zeichen*'.

Beispiele:

```
77 DATUM-1 PICTURE X(2Ø)  VALUE ALL 'X'.
77 DATUM-2 PICTURE X(36)  VALUE ALL '5'.
```

oder

MOVE ALL 'X' TO DATUM-1.
MOVE ALL '5' TO DATUM-2.

Zu beachten ist, daß diese Anweisung nur Übertragungen in nichtnumerische Felder zuläßt. Das hinter ALL angegebene Literal darf nur aus *einem* Zeichen des in der Maschine verwendeten Zeichencodes bestehen. Das Apostroph ist dabei ausgeschlossen, weil es als Begrenzung der nichtnumerischen Literale dient. Für bestimmte andere Konstanten können in COBOL ebenfalls die aus der folgenden Tabelle ersichtlichen Namen verwendet werden.

angegebene Konstante	erzeugter Wert
ZERO (S, ES)	Ø (Null)
SPACE(S)	␣ (Zwischenraum, blank)
QUOTE(S)	' (Apostroph)
LOW-VALUE(S)	hexadezimal ØØ
HIGH-VALUE(S)	hexadezimal FF

Abb. 14: Figurative Konstanten

Beispiele:

In der DATA DIVISION:

```
77 DATUM-1    PICTURE X(5)     VALUE ZEROES.
Ø2 DATUM-2    PICTURE X(1Ø)    VALUE SPACES.
Ø5 WERT1      PICTURE 9(5)     VALUE ZERO.
77 WERT2      PICTURE S9(4)    COMPUTIONAL VALUE ZEROS.
```

In der PROCEDURE DIVISION:

```
MOVE ZEROES   TO DATUM-1.
MOVE SPACES   TO DATUM-2.
MOVE ZERO     TO WERT1.
MOVE ZEROS    TO WERT2.
```

Zur Angabe dieser *figurativen Konstanten* wollen wir uns folgende **Regeln** merken:

– Alle vorgesehenen Konstanten können auf nichtnumerisch definierte Daten angewendet werden. Bei numerischen Datenelementen ist nur die Angabe von ZERO (S, ES) erlaubt.

– Bei Vergleichen zwischen dem Inhalt eines Datenelements und einer figurativen Konstanten wird jedes Zeichen des Datenelements mit dem Zeichen der Konstanten verglichen. Dabei wird bei numerischen Elementen dem algebraischen Wert nach verglichen und bei nichtnumerischen Elementen jedes Zeichen beginnend von links nach rechts.

4.2.3. Druckaufbereitung

Um die in der Rechenanlage gespeicherten und errechneten **numerischen Werte** auf dem Drucker in übersichtlicher Form zu erhalten, kann der Programmierer in der PICTURE-Klausel des Ausgabebereichs zusätzliche Zeichen angeben, welche in der Regel im Druckbild erscheinen. Außerdem hat er die Möglichkeit, *führende Nullen* zu unterdrücken, bzw. ein Element, dessen Wert *Null* ist, vollkommen durch Leerzeichen darstellen zu lassen.
Die für COBOL geltenden Durckaufbereitungszeichen haben wir in Abschnitt 2.1.e kennengelernt und wollen nun ihre Anwendung zeigen.

Ein **numerisches** Feld in einer Ausgabedatei sei folgendermaßen definiert:

Ø2 Z-EINZELPREIS PICTURE 9(5).

Als Datum soll dieses Element den Wert 1234 erhalten, d. h. eigentlich den Betrag von DM 12,34. Wenn wir diesen Wert in der Form ausdrucken wie wir ihn soeben definiert haben, würde auf dem Drucker die Zeichenfolge Ø1234 erscheinen.

Dezimalpunkt
Wir wollen aber nun diesen Wert mit seinen zwei Pfennigstellen hinter dem Dezimalpunkt (in COBOL wird statt des Dezimalkommas ein Punkt benutzt!) ausdrucken lassen. Dazu ist es notwendig, die Definition des Eingabebereichs dermaßen zu gestalten, daß die letzten zwei Ziffern als hinter dem Dezimalpunkt stehend betrachtet werden. Dies geschieht durch Angabe von V an der betreffenden Stelle, also:

Ø2 E-EINZELPREIS PICTURE 9(3)V9(2).

Das V benötigt keinen Speicherplatz, sondern richtet die Zahlen nur nach ihren Dezimalstellen aus. Es würde auch nicht im Druckbild erscheinen, so daß bei der Ausgabe dieses Feldes ebenfalls die Ziffernfolge Ø1234 erscheint.
Für die Ausgabe ist darum ein neues Feld zu definieren, welches eine *Schablone* verwendet, in der sichtbar die Trennung zwischen Ziffern vor und nach dem Dezimalpunkt vorgenommen wird.
Die Angabe lautet:

Ø2 Z-EINZELPREIS PICTURE 9(3).9(2).

Vor den Ausdruck dieses Bereiches muß der Inhalt des Eingabefeldes in diesen übertragen werden. Der an die Stelle des V gesetzte Punkt erscheint im Druckbild, und zwar Ø12.34. Es ist logisch, daß in einer Zahl nur ein Dezimalpunkt angegeben werden darf.
Die Ausrichtung der Zahl erfolgt immer nach der Stellung des Dezimalpunkts. Wenn keiner angegeben wird, wird er als nach der letzten Ziffer stehend angenommen.

Beispiele:

Sendefeld	9(3)V9(3)	9V9(4)	V9(4)	9(4)
Daten	123456	Ø4315	4567	1234
Empfangsfeld	9(3).9(2)	9.9(5)	.9(2)	9(4).9
Druckbild	123.45	Ø.3215Ø	.45	1234.Ø

Komma

Als weiteres Zeichen, um z. B. Tausender-Stellen hervorzuheben, kann das Komma in der Schablone angegeben werden. Dieses darf mehrmals in derselben Definition benutzt werden.

Beispiele:

Sendefeld	9(5)V9	9(8)	9(4)V9(3)
Daten	123456	Ø1234567	ØØØØØØØ
Empfangsfeld	99,9(3).9	99,9(3),9(3)V9	9,999.999
Druckbild	12,345.6	Ø1,234,567.Ø	Ø,ØØØ.ØØØ

Wenn der Programmierer die soeben gezeigte *Bedeutung von Punkt und Komma umkehren* möchte, dann kann er in der ENVIRONMENT DIVISION unter dem Paragraphen SPECIAL-NAMES die **Anweisung**

<u>DECIMAL-POINT</u> IS <u>COMMA</u>

angeben. Damit kehrt sich die Bedeutung aller Kommata bzw. Punkte bei der Angabe in einer *Schablone* um.

Nullenunterdrückung
Bisher haben wir numerische Daten mit führenden Nullen ausgedruckt. Diese können durch Angabe eines speziellen Zeichens in der Schablone unterdrückt werden. Dieses Zeichen ist Z und muß für jede Ziffer stehen, die als führende Null unterdrückt werden soll.

Beispiele:

Sendefeld	9(3)V9(3)	9(3)V9(3)	9(4)V9	9(4)V9
Daten	123456	ØØ3456	ØØØØ2	ØØØØØ
Empfangsfeld	ZZZ.9(3)	ZZZ.9(3)	Z(3)9.9	ZZZZ.Z
Druckbild	123.456	3.456	Ø.2	leer!

Wenn ein Dezimalpunkt oder Komma links von einem Z steht, welches im Ausdruck noch eine Nullenunterdrückung hervorruft, wird auch dieses Zeichen nicht ausgedruckt. Da ein Z nur führende Nullen unterdrücken kann, darf es in der Definition des Empfangsfeldes nie rechts von einer 9 angegeben werden.

Sternschutzschreibung
Dieses Zeichen wird als Stern in der Schablone eingetragen. Es wird genauso angegeben, bzw. behandelt, wie das Z, jedoch wird anstelle jeder führenden Null das Zeichen * ausgedruckt.

Beispiele:

Sendefeld	9(3)V9(3)	9(3)V9(3)	9(4)V9
Daten	123456	ØØ3456	ØØØØ2
Empfangsfeld	***.9(3)	***.9(3)	*(4).9
Druckbild	123.456	**3.456	****.2

Festliegendes Vorzeichen
Ein festliegendes Vorzeichen, welches immer an der in der Schablone angegebenen Stelle erscheint, kann entweder als erstes (am weitesten links) oder als letztes (am weitesten rechts) Zeichen angegeben werden. Dabei ist zu

beachten, daß die Eintragung + bewirkt, daß bei positiven Werten + und bei negativen Werten – ausgedruckt wird. Wenn die Eintragung – vorgenommen wird, so erscheinen nur negative Werte mit diesem Vorzeichen, während bei positiven Werten ein Leerzeichen ausgedruckt wird. In der Definition des Sendefeldes sollte ein Vorzeichen (S) eingetragen werden (siehe Regel in Abschnitt 3.3.2).

Beispiele:

Sendefeld	S9(4)V9	S9(4)V9	S9(3)	S9(3)	S9(3)
Daten	12345	-ØØ123	123	-123	-123
Empfangsfeld	+ZZZ9.9	+ZZZ9.9	-ZZ9.9	-ZZ9.9	ZZ9.9-
Druckbild	+1234.5	- 12.3	123.Ø	-123.Ø	123.Ø-

Gleitendes Vorzeichen
Eine Reihe von + bzw. – links in der PICTURE-Eintragung bewirkt die Unterdrückung von führenden Nullen und den Ausdruck des entsprechenden Vorzeichens direkt vor der ersten gültigen Ziffer des Wertes.

Beispiele:

Sendefeld	S9(5)V9	S9(3)V99	S9(3)V99
Daten	ØØØ123	-12345	-ØØØØ1
Empfangsfeld	++++9.9	----.99	----.99
Druckbild	+12.3	-123.45	-.Ø1

Einfügung von Null- und Leerstellen
Die Zeichen Ø und B können dazu verwendet werden, im Ausdruck zusätzliche Nullen bzw. Leerstellen erscheinen zu lassen. Sie erscheinen an der in der Schablone angegebenen Stelle im Druckbild.

Beispiele:

Sendefeld	9(4)	9(4)
Daten	1234	1234
Empfangsfeld	9Ø9Ø9Ø9Ø	9B9B9B9
Druckbild	1Ø2Ø3Ø4Ø	1 2 3 4

BLANK WHEN ZERO
Eine spezielle Form der Druckaufbereitung ist die

Klausel

BLANK WHEN ZERO

Sie kann bei der Definition jedes numerischen Ausgabefeldes angegeben werden und besagt, daß im Ausdruck lauter Leerzeichen erscheinen, wenn der algebraische Wert der auszugebenden Zahl Null ist. Diese Wirkung wird nur aufgehoben, wenn die Sternschutzschreibung in der PICTURE-Klausel verwendet wurde.

Beispiel:

```
Ø2 Z-MENGE          PICTURE  ZZZ9       BLANK ZERO.
Ø2 Z-EINZELPREIS    PICTURE  ZZ9.99     BLANK ZERO.
```

4.2.4. Programmablaufplan zu Aufgabe 2

Das Neue an diesem Flußdiagramm sind die in den Entscheidungsrauten angegebenen Vergleiche:

> Wenn E-KARTENART = 'A1' dann mache weiter mit der Verarbeitung, ansonsten springe zu LESEN zurück und lese die nächste Karte ein.
> und
> Wenn das Blattende erreicht ist, dann Vorschub auf eine neue Seite, ansonsten Ausdruck mit einer Leerzeile Zwischenraum.

In COBOL werden **Vergleiche** formuliert mit dem

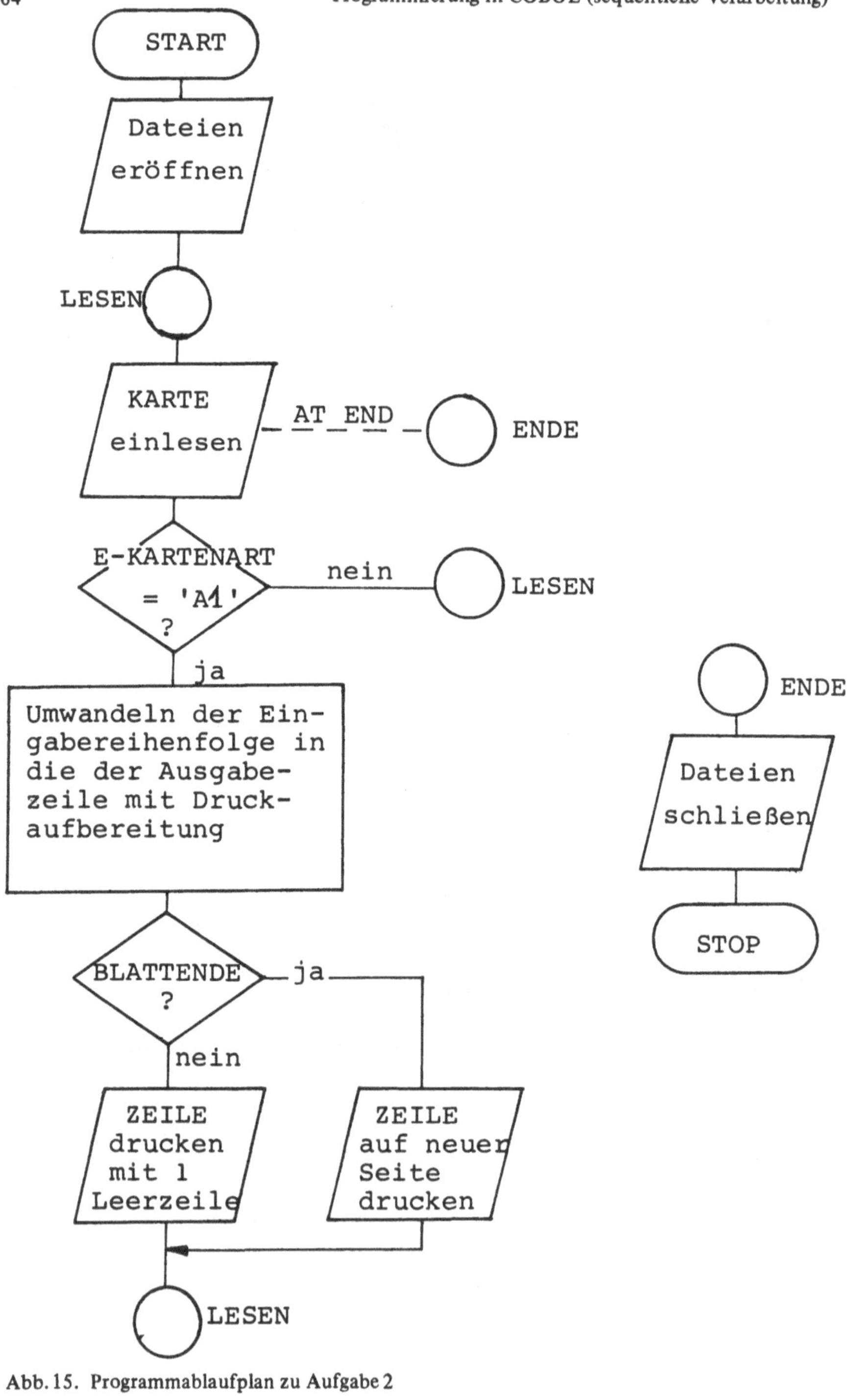

Abb. 15. Programmablaufplan zu Aufgabe 2

4.2.5. IF-Befehlswort

Format:

```
     ⎧ Vergleichstest-1          ⎫ ⎡⎧ AND     ⎫ ⎧ Vergleichstest-2          ⎫⎤
IF   ⎨ Vorzeichentest-1          ⎬ ⎢⎨ OR      ⎬ ⎨ Vorzeichentest-2          ⎬⎥ ...
     ⎨ Klassentest-1             ⎬ ⎢⎨ AND NOT ⎬ ⎨ Klassentest-2             ⎬⎥
     ⎩ Bedingungsnamentest-1     ⎭ ⎣⎩ OR NOT  ⎭ ⎩ Bedingungsnamentest-2     ⎭⎦

⎡     ⎧ Anweisungen des „ja"-Zweiges ⎫⎤
⎢THEN ⎨                              ⎬⎥ [.]
⎣     ⎩ NEXT SENTENCE                ⎭⎦

⎡⎧ ELSE      ⎫  ⎧ Anweisungen des „nein"-Zweiges ⎫⎤
⎣⎩ OTHERWISE ⎭  ⎩ NEXT SENTENCE                  ⎭⎦ .
```

Nach dem Wort IF werden ein oder mehrere Tests angegeben, die je nach Programmlogik mit den Konnektoren AND, OR, AND NOT und/oder OR NOT verknüpft sein können. Der direkt hinter diesen Angaben (nach THEN) stehende Teil nimmt diejenigen Anweisungen auf, welche im Falle des „wahren" Ausgangs der hinter IF stehenden Bedingungen durchlaufen werden sollen. Wird die Prüfung als „falsch" erachtet, so wird in den hinter ELSE bzw. OTHERWISE stehenden Teil verzweigt.

Nach dem Abarbeiten der IF-Anweisung wird auf jeden Fall die nächstfolgende Anweisung behandelt, es sei denn, der Programmablauf wird innerhalb der IF-Anweisung durch eine Sprung-Anweisung verändert.

Fehlt der ELSE-Zweig, so muß die Anweisung im THEN-Zweig durch einen Punkt abgeschlossen werden. Dadurch kann erreicht werden, daß bei „wahrem" Ausgang der Überprüfung die Anweisungen des „ja"-Zweiges und danach die hinter der IF-Anweisung folgenden Befehle durchgeführt werden. Bei „falschem" Ausgang werden nur die der IF-Anweisung folgenden Befehle ausgeführt.

Vergleichstest

Ein Vergleichstest veranlaßt den Vergleich von zwei Operanden, von denen jeder ein *Datenelement*, ein *arithmetischer Ausdruck* oder ein *Literal* sein kann. Der Vergleich kann durchgeführt werden auf *Gleichheit, größer, kleiner* oder deren *Negationen.*

Format:

$$\underline{\text{IF}}\left\{\begin{array}{l}\textit{Datenname-1}\\ \textit{arithm.}\\ \textit{Ausdruck-1}\\ \textit{Literal-1}\\ \textit{figurative}\\ \textit{Konstante-1}\end{array}\right\}\text{ IS [}\underline{\text{NOT}}\text{] }\left\{\begin{array}{l}\underline{\text{EQUAL}}\text{ }\underline{\text{TO}}\\ \underline{\text{GREATER}}\text{ THAN}\\ \underline{\text{LESS}}\text{ THAN}\end{array}\right\}\left\{\begin{array}{l}\textit{Datenname-2}\\ \textit{arithm.}\\ \textit{Ausdruck-2}\\ \textit{Literal-2}\\ \textit{figurative}\\ \textit{Konstante-2}\end{array}\right\}\text{[}\underline{\text{THEN}}\text{...]}$$

Für die Begriffe EQUAL TO, GREATER THAN und LESS THAN können auch die Zeichen =, > und < angegeben werden.

Beim Vergleich von **numerischen** Größen wird der algebraische Wert dieser Felder verglichen. Dabei ist die Anzahl der in der PICTURE-Klausel definierten Stellen unbedeutend.

Anders ist dies beim Vergleich von **nichtnumerischen** Größen, bzw. beim gleichzeitigen Vergleich eines numerischen und eines nichtnumerischen Wertes. Bei gleicher Länge der Vergleichsoperanden werden die entsprechenden Bit-Positionen von links beginnend nach rechts verglichen. Es herrscht Ungleichheit, wenn ein zusammengehörendes Bit-Paar nicht gleichlautend ist. Dabei ist das Bit mit dem Inhalt „1“ größer als dasjenige mit dem Inhalt „Ø“. Wenn die beiden Operanden ungleiche Länge haben, erfolgt die Vergleichsoperation gleichfalls wie soeben beschrieben. Dabei wird jedoch vor dem Vergleich der kürzere Operand auf die Länge des anderen mit Leerzeichen (nach rechts!) aufgefüllt.

Beispiele:

```
    IF WERT1 GREATER THAN WERT2
       MOVE 1ØØ TO WERT1
       ELSE MOVE 5Ø TO WERT1.

    IF A = B NEXT SENTENCE ELSE GO TO M1.
       MOVE 'XY' TO B.
          .
          .
          .
M1.    MOVE 'AB' TO B.
```

Vorzeichentest
Mit diesem Test kann festgestellt werden, ob der algebraische Wert einer **numerischen** Größe *positiv* (größer Null), *negativ* (kleiner Null) oder *Null* ist. Der Wert Null wird dabei weder als positiv noch negativ angesehen.

Format:

$$\underline{IF} \left\{ \begin{array}{l} \textit{Datenname} \\ \textit{arithm. Ausdruck} \end{array} \right\} \text{IS } [\underline{\text{NOT}}] \left\{ \begin{array}{l} \underline{\text{POSITIVE}} \\ \underline{\text{NEGATIVE}} \\ \underline{\text{ZERO}} \end{array} \right\} \quad [\underline{\text{THEN}}...]$$

Beispiele:

```
1.      IF WERT1 IS POSITIVE GO TO RECHNUNG
          ELSE GO TO ENDE.

2.      IF X–Y ZERO GO TO FALL-Ø.
                     .
                     .
                     .
Fall-1.          Anweisungen
                     .
                     .
                     .
Fall-Ø.          Anweisungen
                     .
                     .
                     .
```

Im zweiten Beispiel ist der ELSE-Zweig fortgefallen. Das Programm verzweigt nur bei X-Y = Ø zu FALL-Ø, ansonsten immer zu FALL-1.

Klassentest
Durch den Klassentest kann festgestellt werden, ob eine Größe nur **numerische** Werte (Ø bis 9) oder **alphabetische** Werte (A bis Z und Leerzeichen) enthält. Die zu testende Größe muß ein Datenelement sein, wobei dessen Datenklasse unbedeutend ist.

Format:

IF *Datenname* IS [NOT] { NUMERIC | ALPHABETIC } [THEN...]

Beispiele:

```
1.      IF WERT1 IS  NOT NUMERIC GO TO FEHLER
            ELSE NEXT SENTENCE.

2.      IF NAME ALPHABETIC
            MOVE NAME TO AUSGABE
            WRITE AUSGABE
            OTHERWISE GO TO LESEN.
```

Bedingungsnamentest
Dieser Test greift auf die durch die Stufennummern 88 zugewiesenen Namen und Werte eines Datenelements zu (siehe Abschnitt 3.3.4). Dabei wird der Wert des Namens mit dem aktuellen Wert des Elements verglichen und dadurch der Ausgang des Tests festgelegt. Der Programmierer gibt in diesem Test nur die Bedingungsvariablennamen an.

Format:

IF [NOT] *Bedingungsvariablenname* [THEN ...]

Beispiel:

```
DATA DIVISION.
  .
  .
  .
  Ø2  FARBE PICTURE 9.
      88 ROT  VALUE 1.
      88 BLAU VALUE 4.
      88 GELB VALUE 6.
```

```
PROCEDURE DIVISION
 .
 .
 .
  IF BLAU GO TO MARKE-BLAU.
 .
 .
 .
```

Diese Anweisung würde dem Vergleichstest

IF FARBE = 4 GO TO MARKE-BLAU

entsprechen.

Formularendetest

Als weiterer spezieller Test kann die Abfrage auf *Formularende* (Ende einer Druckseite) verwendet werden. Hierzu ist jedoch vorher in der ENVIRONMENT DIVISION unter dem Paragraphen I-O-CONTROL die Angabe

APPLY *Formularendename* TO FORM-OVERFLOW
ON *Ausgabe-Dateiname.*

zu machen.

Format:

IF [NOT] *Formularendename* [THEN...]

Formularende wird dabei durch die Steuerung des Druckers erkannt.

Beispiel:

```
I-O-CONTROL.
        APPLY BLATTENDE TO FORM-OVERFLOW
              ON LISTE.
        .
        .
        .
PROCEDURE DIVISION.
```

```
        .
        .
              IF BLATTENDE GO TO NEU-SEITE.
SCHREIBEN. WRITE ZEILE AFTER 1.
        .
        .
        .
NEU-SEITE. WRITE ZEILE AFTER Ø.
        .
        .
        .
```

4.2.6. Zeilensteuerung

Wir hatten schon erwähnt, daß bei jedem neuen Aufruf des WRITE-Befehls automatisch eine neue Zeile begonnen wird. Wir haben jedoch die Möglichkeit, mehrere Zeilen freizulassen, indem wir hinter der Anweisung WRITE *Satzname* ... eine zusätzliche Angabe darüber machen. Dabei kann der Zeilenvorschub *vor* (AFTER) oder *nach* (BEFORE) dem Drucken vorgenommen werden.

Format:

$$\underline{\text{WRITE}}\ \textit{Datensatzname}\ \left[\left\{\begin{array}{l}\underline{\text{AFTER}}\\ \underline{\text{BEFORE}}\end{array}\right\}\ \text{ADVANCING}\ \left\{\begin{array}{l}\textit{Ganzzahl}\\ \textit{Datenname}\end{array}\right\}\ \text{LINES}\right]$$

Bei der Verwendung von *Ganzzahl* können folgende Angaben mit der nebenstehenden Bedeutung gemacht werden:

Ø Seitenanfang
1 einzeiliger Vorschub (keine Leerzeile)
2 zweizeiliger Vorschub (eine Leerzeile)
3 dreizeiliger Vorschub (zwei Leerzeilen)

Diese Steuerzeichen werden vom Betriebssystem in das erste Zeichen des auf dem Drucker auszugebenden Datensatzes eingetragen. Der Programmierer muß deshalb darauf achten, daß das erste Zeichen des Datensatzes freigehalten wird, da sonst die Information dieses ersten Bytes von der Drucksteuerung überschrieben wird.

Die Angabe von *Datenname* erlaubt folgende Drucksteuerung:

Leerstelle (blank)	einzeiliger Vorschub (keine Leerzeile)
∅	zweizeiliger Vorschub (eine Leerzeile)
–	dreizeiliger Vorschub (zwei Leerzeilen)
+	Vorschubunterdrückung (Druck wird auf derselben Zeile fortgesetzt)
1–9	Kanalvorschub 1–9
A, B, C	Kanalvorschub 10, 11, 12

Das jeweils gültige Zeichen muß vor dem Ausdruck in *Datenname* übertragen werden. Dabei ist *Datenname* mit PICTURE X zu definieren. Auch bei dieser Anwendung muß der Ausgabebereich zur Aufnahme des Steuerbytes vorne um eine Stelle erweitert werden.

Beispiele:

WRITE ZEILE AFTER ∅.
Ausdruck von ZEILE auf einer neuen Seite.

WRITE ZEILE AFTER 2.
Ausdruck mit einer Zeile Zwischenraum.

WRITE ZEILE BEFORE 2.
Ausdruck von ZEILE, danach positioniert die Drucksteuerung auf den Anfang der übernächsten Druckzeile.

WRITE ZEILE AFTER STEUERZEICHEN.
Je nachdem, welches Zeichen in dem Datennamen Steuerzeichen enthalten ist, wird die entsprechende Drucksteuerung vorgenommen.

4.2.7. Programmierung der Aufgabe 2

Mit den neuen Kenntnissen in COBOL wollen wir uns nun der Programmierung der Aufgabe 2 zuwenden.
In der IDENTIFICATION DIVISION hat sich außer dem Programmnamen nichts geändert. In der ENVIRONMENT DIVISION nehmen wir die Klausel für den Seitenvorschub auf (APPLY...). Die DATA DIVISION enthält die für die Druckaufbereitung im Ausgabesatz besprochenen Schablonen. In der PROCEDURE DIVISION wird die laut Flußdiagramm (Abb. 15) festgelegte Verarbeitung vorgenommen.

Die in das Programm eingestreuten *Kommata* (außer bei der Druckaufbereitung) haben keinen Einfluß auf das Programm. Sie können ebenso wie das *Semikolon* überall dort gesetzt werden, wo es die Übersichtlichkeit des Textes fördert. Komma und Semikolon müssen jedoch ohne Zwischenraum hinter das letzte angegebene Zeichen eines Wortes gesetzt werden und immer von mindestens einem Zwischenraum gefolgt sein.

Abb. 16: COBOL-Programm der Aufgabe 2

```
001010 IDENTIFICATION DIVISION.
001030 PROGRAM-ID.   'AUFG-2'.
001040 AUTHOR.       HAMBECK.
001050 REMARKS.      AUSDRUCKPROGRAMM MIT DRUCKAUFBEREITUNG  UND
001060                                    ZEILENSTEUERUNG.

001080 ENVIRONMENT DIVISION.
001100 INPUT-OUTPUT SECTION.
001110 FILE-CONTROL.
001120     SELECT KARTE  ASSIGN TO 'SYS010'  UNIT-RECORD  LESER-1.
001130     SELECT LISTE  ASSIGN TO 'SYS011'  UNIT-RECORD  DRUCKER-1.
001150 I-O-CONTROL.
001170     APPLY BLATTENDE TO FORM-OVERFLOW ON LISTE.

001190 DATA DIVISION.
001210 FILE SECTION.
001230 FD  KARTE RECORDING F, LABEL RECORD OMITTED,
001240     DATA RECORD E-KARTE.
001260 01  E-KARTE.
001270   02 E-KARTENART        PICTURE XX.
002010   02 E-ARTIKELNUMMER    PICTURE 9(5).
002020   02 E-EINZELPREIS      PICTURE 9(3)V9(2).
002030   02 E-BEZEICHNUNG      PICTURE X(15).
002040   02 E-MENGE            PICTURE 9(4).
002060 FD  LISTE RECORDING F,  LABEL RECORD OMITTED,
002070     DATA RECORD ZEILE.
002090 01  ZEILE.
002100   02 FILLER             PICTURE X.
002110   02 Z-ARTIKELNUMMER    PICTURE ZZZZ9.
002120   02 FILLER             PICTURE XX.
002130   02 Z-BEZEICHNUNG      PICTURE X(15).
002140   02 FILLER             PICTURE XX.
002150   02 Z-MENGE            PICTURE Z(3)9  BLANK WHEN ZERO.
002160   02 FILLER             PICTURE XX.
002170   02 Z-EINZELPREIS      PICTURE ZZ9.99 BLANK WHEN ZERO.

002190 PROCEDURE DIVISION.
002210 START.  OPEN INPUT KARTE, OUTPUT LISTE.
003010 LESEN.  READ KARTE, AT END  GO TO ENDE.
003020     IF E-KARTENART = 'A1'          NEXT SENTENCE
003030       ELSE GO TO LESEN.
003050     MOVE E-ARTIKELNUMMER     TO Z-ARTIKELNUMMER.
003060     MOVE E-EINZELPREIS       TO Z-EINZELPREIS.
003070     MOVE E-BEZEICHNUNG       TO Z-BEZEICHNUNG.
003080     MOVE E-MENGE             TO Z-MENGE.
003100     IF BLATTENDE  WRITE ZEILE AFTER 0
003110        ELSE       WRITE ZEILE AFTER 2.
003130     GO TO LESEN.
003150 ENDE.   CLOSE KARTE, LISTE.
003170     STOP RUN.
```

4.3. Aufgabe 3

In einer weiterführenden Aufgabe wollen wir nun die arithmetischen Operationen besprechen. Wir verwenden dazu die Problemstellung der Aufgabe 2, wollen diese aber wie folgt erweitern:
Die Bereiche E-MENGE und E-EINZELPREIS sind pro Artikel zu einem E-GESAMTPREIS zu verrechnen. Am Ende der Liste ist nach zwei freien Zeilen bzw. auf einer neuen Seite der GESAMTWERT aller Artikel auszudrucken, wobei dieses Wort im Feld BEZEICHNUNG erscheint und der numerische Wert unter GESAMT-PREIS. Bei dieser Verarbeitung sind nur die Kartenarten 'A1' und 'A2' zugelassen. Alle anderen werden überlesen.

ART-NR	BEZEICHNUNG	MENGE	EINZ-PREIS	GESAMT-PREIS
12345	SCHREIBMASCHINE	1380	716.25	988 425.00
2345	KOPIERGERAET	320	960.00	306 200.00
43210	SCHREIBTISCH T8	67	325.80	21 828.60
43156	STUHL S3	6	99.75	598.50
	GESAMTWERT:			1 317 052.10
2 6	9 23	26/29	32 37	40 51

Abb. 17: Ausgabe für Aufgabe 3

4.3.1. ADD-Befehlswort

Mit diesem Befehlswort können die algebraischen Werte von zwei oder mehreren numerischen Operanden addiert werden. Es können zusätzlich Rundungen des Ergebnisses vorgenommen werden sowie ein Fehlerausgang angegeben werden, falls das Ergebnisfeld für die Aufnahme der Summe zu klein wurde. Aus diesem Grund sollte der Programmierer jeweils überprüfen, ob das Ergebnisfeld groß genug zur Aufnahme eines Ergebnisses definiert wurde.

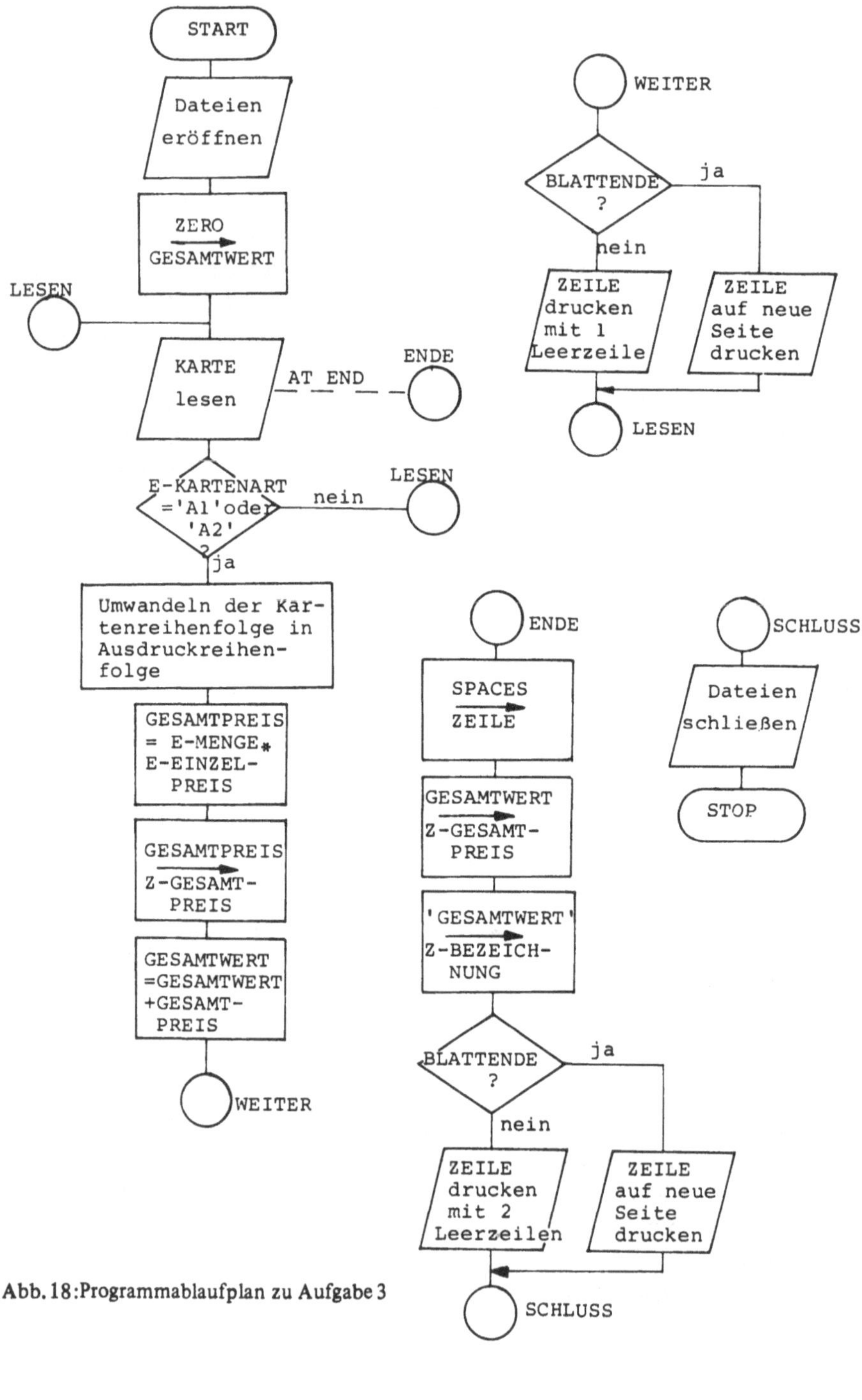

Abb. 18: Programmablaufplan zu Aufgabe 3

Abb. 19: COBOL-Programm der Aufgabe 3

```
IDENTIFICATION DIVISION.
PROGRAM-ID.  'AUFG-3'.
AUTHOR.      HAMBECK,TEL 12345.
REMARKS.     PROGRAMM ZUR BERECHNUNG DES LAGERWERTES.

ENVIRONMENT DIVISION.
INPUT-OUTPUT SECTION.
FILE-CONTROL.
    SELECT KARTE  ASSIGN TO 'SYS010'  UNIT-RECORD LESER-1.
    SELECT LISTE  ASSIGN TO 'SYS011'  UNIT-RECORD DRUCKER-1.
I-O-CONTROL.
    APPLY  BLATTENDE TO FORM-OVERFLOW  ON LISTE.

DATA DIVISION.
FILE SECTION.
FD  KARTE RECORDING F, LABEL RECORD OMITTED,
    DATA RECORD E-KARTE.
01  E-KARTE.
  02 E-KARTENART        PICTURE XX.
  02 E-ARTIKELNUMMER    PICTURE 9(5).
  02 E-EINZELPREIS      PICTURE 9(3)V99.
  02 E-BEZEICHNUNG      PICTURE X(15).
  02 E-MENGE            PICTURE 9(4).
FD  LISTE RECORDING F LABEL RECORD OMITTED  DATA RECORD ZEILE.
01  ZEILE.
  02 FILLER             PICTURE X.
  02 Z-ARTIKELNUMMER    PICTURE Z(4)9.
  02 FILLER             PICTURE XX.
  02 Z-BEZEICHNUNG      PICTURE X(15).
  02 FILLER             PICTURE XX.
  02 Z-MENGE            PICTURE Z(3)9  BLANK ZERO.
  02 FILLER             PICTURE XX.
  02 Z-EINZELPREIS      PICTURE ZZ9.99 BLANK ZERO.
  02 FILLER             PICTURE XX.
  02 Z-GESAMTPREIS      PICTURE ZBZ(3)BZZ9.99.
WORKING-STORAGE SECTION.
77  GESAMTPREIS         PICTURE  S9(7)V99.
77  GESAMTWERT          PICTURE  S9(7)V99.

PROCEDURE DIVISION.
START.  OPEN INPUT KARTE OUTPUT LISTE.
        MOVE ZEROES TO  GESAMTWERT.
LESEN.
    READ KARTE    AT END GO TO ENDE.
    IF E-KARTENART NOT = 'A1'
     OR E-KARTENART NOT = 'A2'
      GO TO LESEN.
    MOVE E-ARTIKELNUMMER    TO Z-ARTIKELNUMMER
    MOVE E-EINZELPREIS      TO Z-EINZELPREIS
    MOVE E-BEZEICHNUNG      TO Z-BEZEICHNUNG
    MOVE E-MENGE            TO Z-MENGE
    MULTIPLY E-MENGE BY E-EINZELPREIS GIVING GESAMTPREIS
    MOVE GESAMTPREIS TO Z-GESAMTPREIS
    ADD  GESAMTPREIS TO GESAMTWERT.
    IF  BLATTENDE       WRITE ZEILE AFTER 0
     ELSE               WRITE ZEILE AFTER 2.
    GO TO LESEN.
ENDE.
    MOVE SPACES TO ZEILE
    MOVE GESAMTWERT    TO Z-GESAMTPREIS
    MOVE 'GESAMTWERT:' TO Z-BEZEICHNUNG.
    IF BLATTENDE       WRITE ZEILE AFTER 0
     ELSE              WRITE ZEILE AFTER 3.
SCHLUSS. CLOSE KARTE, LISTE, STOP RUN.
```

Format:

$$\underline{\text{ADD}}\begin{Bmatrix}\textit{Datenname-1}\\ \textit{numerisches}\\ \textit{Literal-1}\end{Bmatrix}\ldots\quad\begin{Bmatrix}\underline{\text{TO}}\\ \underline{\text{GIVING}}\end{Bmatrix}\quad\textit{Datenname-n}$$

$$[\underline{\text{ROUNDED}}]\ [\text{ON } \underline{\text{SIZE ERROR}}\ \textit{unbedingte Anweisung...}]$$

Wenn die Angabe TO verwendet wird, ist *Datenname-n* gleichzeitig Operand und Ergebnisfeld.

Beispiele:

1. ADD WERT1 WERT2 TO WERT3.
   WERT3 *enthält hier das Ergebnis von*
   WERT1 + WERT2 + WERT3.

2. ADD 1ØØ X1 X2 X3 TO SUMME.
   SUMME *erhält den Wert von*
   1ØØ + X1 + X2 + X3 + SUMME.

Bei der Angabe von GIVING wird *Datenname-2* nur als Ergebnisfeld verwendet. Dieses Feld ist hierbei kein Operand, sondern dient lediglich zur Aufnahme der Summe, gebildet aus den vorstehenden Operanden. Bei Angabe von GIVING kann das Ergebnisfeld bereits *druckaufbereitet* beschrieben sein. Die Operanden dürfen jedoch keine Druckaufbereitungszeichen enthalten.

Beispiele:
1. ADD WERT1 WERT2 WERT3 GIVING ERGEBNIS.
   ERGEBNIS *enthält die Summe* WERT1 + WERT2 + WERT3.

2. ADD 1ØØ X1 X2 X3 GIVING SUMME.
   SUMME *enthält den Wert von:* 1ØØ + X1 + X2 + X3.

Die Angabe von ROUNDED ist wahlfrei. Wurde sie angegeben, dann wird der in *Datenname-2* stehende Wert nach den üblichen algebraischen Regeln auf- bzw. abgerundet. Wird ROUNDED nicht angegeben, dann werden die überschüssigen Stellen (logischerweise nur diejenigen hinter dem Dezimalpunkt!), welche das Ergebnisfeld nicht mehr aufnehmen kann, abgetrennt.
Wenn das Ergebnisfeld in der Anzahl der Ziffern vor dem Dezimalpunkt zu klein definiert wurde und dadurch Fehler auftreten, daß die vordersten Ziffern einer

Zahl nicht mehr abgespeichert werden können, so können die unbedingten Anweisungen hinter ON SIZE ERROR ausgeführt werden.

Beispiele:

1. ADD 850.256 380.72 GIVING SUMME ROUNDED.
   Die Definition von SUMME *sei*
   77 SUMME PICTURE 9(4)V99.

   Da das echte Ergebnis von 1230.976 nicht voll in SUMME *untergebracht werden kann, wird gerundet, d. h.* SUMME *enthält die Zahl* 1230.98. *Wäre* ROUNDED *nicht gesetzt worden, wäre das Ergebnis* 1230.97 *gewesen.*

2. ADD 850.256 380.72 GIVING SUMME
   ON SIZE ERROR GO TO FEHLER.

   Die Definition von SUMME *sei*
   77 SUMME PICTURE 9(3)V999.

   In diesem Beispiel ist die Anzahl der Stellen vor dem Dezimalpunkt zu gering, um das gesamte Ergebnis (1230.976) *aufnehmen zu können. Dies wird durch* SIZE ERROR *erkannt und zu* FEHLER *verzweigt.*

   Wenn diese Angabe nicht gesetzt worden wäre, dann wäre die erste Ziffer nicht abgespeichert worden. Das Programm wäre mit dem falschen Ergebnis 230.976 *fortgefahren.*

Anmerkung: Dieser Sachverhalt muß nicht immer zu Fehlern führen. Oft steht der Programmierer vor der Aufgabe, einige Ziffern aus einer Zahl zu entfernen. Er kann dies sehr gut durch die Definition von kleineren Ergebnisfeldern vornehmen.

4.3.2. SUBTRACT-Befehlswort

Diese Anweisung, welche einen bzw. die Summe von mehreren Operanden von einem zweiten Operanden subtrahiert, hat je nach Anwendung zwei Formate.

Format 1:

$$\underline{\text{SUBTRACT}} \quad \left\{ \begin{array}{l} \textit{Datenname-1} \\ \textit{num. Literal-1} \end{array} \right\} \quad \ldots \ \underline{\text{FROM}} \ \textit{Datenname-m}$$

[ROUNDED] [ON SIZE ERROR *unbedingte Anweisung...*]

Mit diesem Befehl werden die *vor* FROM angegebenen Operanden von *Datenname-m* subtrahiert, wobei das Ergebnis wiederum in *Datenname-m* abgelegt wird. Der ursprüngliche Wert von *Datenname-m* wird dabei durch das Ergebnis überschrieben.

Format 2:

SUBTRACT { *Datenname-1* | *num. Literal-1* } ... FROM { *Datenname-m* | *num. Literal-n* }

GIVING *Datenname-n* [ROUNDED]
[ON SIZE ERROR *unbedingte Anweisung ...*]

Durch dieses Format wird derselbe Vorgang erreicht wie bei Format 1, mit dem Unterschied, daß das Ergebnis in *Datenname-n (nach* GIVING) erscheint. Der Wert von *Datenname-m* bleibt erhalten. Dieser Operand darf hierbei auch ein numerisches Literal sein. *Datenname-n* kann bereits druckaufbereitet definiert sein.
Die Anweisungen ROUNDED und ON SIZE ERROR haben dieselbe Wirkung wie unter Abschnitt 4.3.1 beschrieben.

Beispiele:

```
SUBTRACT  1ØØ        FROM  WERT.
SUBTRACT  ZINS       FROM 1ØØ  GIVING WERT.
SUBTRACT  X1 X2 X3   FROM X4 ROUNDED.
```

4.3.3. MULTIPLY-Befehlswort

Durch dieses Befehlswort wird eine Multiplikation von zwei numerischen Größen veranlaßt, wobei das Ergebnis (Produkt) je nach Verwendung des Formats in dem dafür angegebenen Datenbereich abgespeichert wird.

Format 1:

MULTIPLY { *Datenname-1* | *num. Literal-1* } BY *Datenname-2*

[ROUNDED] [ON SIZE ERROR *unbedingte Anweisung ...*]

Format 2:

MULTIPLY { *Datenname-1* / *num. Literal-1* } BY { *Datenname-2* / *num. Literal-2* }

GIVING *Datenname-3* [ROUNDED]
[ON SIZE ERROR *unbedingte Anweisung* ...]

Bei Verwendung von Format 1 steht das Ergebnis in *Datenname-2,* bei Format 2 in *Datenname-3. Datenname-3* darf druckaufbereitet beschrieben sein.
Die Anweisungen ROUNDED und ON SIZE ERROR erfüllen den gleichen Zweck wie in Abschnitt 4.3.1 beschrieben.

4.3.4. DIVIDE-Befehlswort

Auch bei diesem Befehl können zwei Formate verwendet werden:

Format 1:

DIVIDE { *Datenname-1* / *num. Literal-1* } INTO *Datenname-2*

[ROUNDED] [ON SIZE ERROR *unbedingte Anweisung* ...]

Format 2:

DIVIDE { *Datenname-1* / *num. Literal-1* } INTO { *Datenname-2* / *num. Literal-2* }

GIVING *Datenname-3* [ROUNDED]
[ON SIZE ERROR *unbedingte Anweisung* ...]

Durch die Anweisung DIVIDE wird der erste Operand „*in den zweiten Operanden hineingeteilt*". Für uns bedeutet dies, daß der zweite Operand immer der Divident und der erste Operand der Divisor ist. Als *Quotient* (Ergebnisfeld) wird je nach Format *Datenname-2* bzw. *Datenname-3* bestimmt.
Die Regeln für GIVING, ROUNDED und ON SIZE ERROR sind entsprechend denen der anderen arithmetischen Befehlswörter.

Beispiele:

```
DIVIDE DIVISOR INTO DIVIDENT.
DIVIDE 1ØØ INTO PREIS GIVING PROZENT ROUNDED.
DIVIDE X     INTO 1       GIVING QUOTIENT.
```

4.3.5. COMPUTE-Befehlswort

Der Programmierer wird oft in seinen Problemen umfangreichere mathematische Formeln zu lösen haben, welche sich mit den soeben gelernten Anweisungen nur umständlich lösen lassen. Für solche Verwendungen, aber auch als eine weitere Form der numerischen Wertzuweisung, gibt es in COBOL eine Anweisung mit folgendem

Format:

<u>COMPUTE</u> *Datenname-1* [<u>ROUNDED</u>] = { *Datenname-2* | *num. Literal-1* | *arithm. Ausdruck* }

[ON <u>SIZE ERROR</u> *unbedingte Anweisung ...*]

Durch diese Anweisung können Formeln so beschrieben werden, wie es allgemein beim Rechnen von Hand aus geschieht. Der Programmierer muß sich dabei jedoch an die in Abschnitt 2.1.e definierten Zeichen halten.
Die Anweisungen ROUNDED und ON SIZE ERROR haben die gleiche Bedeutung wie unter Abschnitt 4.3.1 angegeben. Das Ergebnisfeld bei der COMPUTE-Anweisung kann ebenfalls druckaufbereitet beschrieben sein.

Beispiele:

```
COMPUTE WERT1       = WERT2.
COMPUTE SUMME       = Ø.
COMPUTE ERGEBNIS    = A + B - C / 5 + X * Y.
COMPUTE ERGEBNIS    = (A + B - C) / 5 + X * Y.
```

Anmerkung: Es können öffnende und schließende Klammern vergeben werden. Der Formelausdruck wird nach den normalen mathematischen Auflösungsgesetzen behandelt. Zwischen öffnender Klammer und dem ersten Folgezeichen, sowie dem letzten Zeichen und der schließenden Klammer darf kein Leerzeichen stehen.

Klammern müssen paarig vergeben werden, d.h. zu jeder öffnenden Klammer gehört eine schließende Klammer.

4.3.6. Erklärungen zu Aufgabe 3

Die IDENTIFIKATION und die ENVIRONMENT DIVISION sind identisch mit denen der Aufgabe 2. In der DATA DIVISION ist jedoch hier die WORKING-STORAGE SECTION hinzugekommen. In dieser SECTION werden all jene Datenbereiche definiert, die nicht Bestandteil der FILE SECTION sind und damit laut Abschnitt 3.3.6 beschrieben werden.
Von den in Aufgabe 3 mit der Stufennummer 77 definierten Bereichen wird GESAMTPREIS als Zwischenspeicher für die Multiplikation E-MENGE x E-EINZELPREIS verwendet und GESAMTWERT dient zur Aufnahme des fortzuschreibenden Gesamtwertes aller Positionen (Addition). Dieser Wert muß natürlich beim Start des Programmes auf Null gesetzt werden, was hier durch die Anweisung „MOVE ZEROES TO GESAMTWERT“ geschehen ist. Zu dem gleichen Ergebnis wären wir gekommen, wenn wir bei der Definition in der WORKING-STORAGE SECTION die Angabe

77 GESAMTWERT PICTURE S9(7)V99 VALUE ZEROES.

vorgenommen hätten.
Neu in dieser Aufgabe sind ebenfalls eine *Mehrfachbedingung* welche mit OR verknüpft ist (siehe Abschnitt 4.2.5) und die in Abschnitt 4.3.1 sowie 4.3.3 dargelegten Anweisungen ADD und MULTIPLY.
Außerdem wird hingewiesen auf die Übertragung eines alphanumerischen Literals mit der Anweisung MOVE 'GESAMTWERT:' TO L-BEZEICHNUNG, wobei genau diese in Apostrophe eingeschlossene Zeichenfolge dann im Ausdruck unter L-BEZEICHNUNG erscheint.

4.3.6.1. COBOL-Anweisung

Wir benutzen diesen Ausdruck schon seit geraumer Zeit und haben ihn auch in Abschnitt 4.1.8 ausreichend definiert. Um jedoch die folgenden Abschnitte leichter verstehen zu können, wollen wir nochmals festlegen:
Eine Anweisung ist eine zusammenhängende Einheit von Worten, bestehend aus einem COBOL-Befehlswort und den laut Format dieses Befehls zugelassenen Operanden. Jede Anweisung kann, muß aber nicht, für sich allein stehen und durch einen Punkt mit folgendem Leerzeichen abgeschlossen werden.

4.3.6.2. COBOL-Programmsatz

Mehrere Anweisungen, welche in der PROCEDURE DIVISION zusammengeschlossen sind, d.h. eine Einheit bilden, werden als Programmsatz bezeichnet (nicht zu verwechseln mit dem in der DATA DIVISION genannten Datensatz!). Dabei muß jeder Programmsatz hinter der letzten Anweisung dieses Satzes mit einem Punkt und mindestens einer folgenden Leerstelle abgeschlossen werden.

Beispiel:

```
IF  A = B  MOVE X TO Y
           MOVE Z TO V
           ADD 1 TO WERT
           GO TO WEITER
      ELSE SUBTRACT 5 FROM WERT.
```

Anmerkung: Ein Programmsatz wird solange als Programmsatz definiert, bis ein abschließender Punkt erscheint.

4.3.6.3. COBOL-Paragraph

Ein aus mehreren COBOL-Anweisungen und/oder COBOL-Programmsätzen bestehender Programmabschnitt kann durch einen *Paragraphennamen* zusammengefaßt werden. Dieser Paragraphenname ist nichts anderes als ein *Prozedurname* (Marke), wie er in Abschnitt 2.2.2d beschrieben ist. Ein Paragraph ist dann beendet, wenn ein neuer Paragraph beginnt.

Beispiel:

```
PROCEDURE DIVISION.
START.     OPEN...      }
           MOVE...      }
           .            }  Paragraph START
           .            }
           .          . }

LESEN.     READ...      }
           .            }  Paragraph LESEN
           .            }
           .          . }

AUFBEREITEN.
           MOVE...      }
           MOVE...      }
           .            }  Paragraph AUFBEREITEN
           .            }
           .          . }
```

```
RECHNUNG.
          ADD...              )
          MULTIPLY...         |
          .                   } Paragraph RECHNUNG
          .                   |
          .                  .)

SCHLUSS.                      )
          CLOSE...,           } Paragraph SCHLUSS
          STOP RUN.           )
```

Anmerkung: Die letzte Anweisung in einem Paragraphen muß mit einem Punkt und folgendem Leerzeichen beendet werden. Paragraphennamen müssen eindeutig vergeben werden.

4.3.6.4. COBOL-Kapitel

Der Programmierer kann sein Programm in einzelne Kapitel aufteilen. Diese *Kapitelnamen* bestehen aus einem *Prozedurnamen* und dem Wort SECTION, welches durch ein Leerzeichen getrennt hinter dem *Prozedurnamen* stehen muß. Ein Kapitel kann wiederum in *Paragraphen, Programmsätze* und *Anweisungen* unterteilt sein. Es wird so lange als dasselbe Kapitel angesehen, bis ein neues Kapitel erscheint, bzw. keine Anweisungen mehr geschrieben werden. Ein Kapitelname muß direkt von einem Paragraphennamen gefolgt sein.

Beispiel:

```
PROCEDURE DIVISION.
EINGABE SECTION.
START.          OPEN...       )               )
                MOVE...       | Paragraph     |
                .             } START         |
                .             |               |
                .            .)               } Kapitel
LESEN.          READ...       )               | EINGABE
                .             | Paragraph     |
                .             } LESEN         |
                .            .)               )
```

```
VERARBEITUNG SECTION.
AUFBEREITEN.    MOVE...     }                    }
                MOVE...     }  Paragraph         }
                .           }  AUFBEREITEN       }
                .           }                    }
                .          .}                    }  Kapitel
RECHNUNG.       ADD...      }                    }  VERARBEITUNG
                MULTIPLY... }  Paragraph         }
                .           }  RECHNUNG          }
                .           }                    }
                .          .}                    }

ENDE SECTION.
SCHLUSS.        CLOSE...    }  Paragraph      }  Kapitel
                STOP RUN   .}  SCHLUSS        }  ENDE
```

Anmerkung: Ein Kapitelname muß eindeutig sein. Er schließt alle folgenden Paragraphen bis zum nächsten Kapitelnamen ein. Hinter einem Kapitelnamen muß unmittelbar ein Paragraphenname folgen. Ein Kapitelname muß nicht angegeben werden; in diesem Fall wird das gesamte Programm als ein Kapitel aufgefaßt.

4.3.6.5. PERFORM-Befehlswort

Die soeben vorgenommenen Aufteilungen der PROCEDURE DIVISION haben nicht nur den Vorteil, daß sie die Übersichtlichkeit eines COBOL-Programmes erhöhen, sondern können auch dazu verwendet werden, ein Kapitel oder Paragraph von irgendeiner Stelle des Programmes her aufzurufen. Man nennt eine solche Unterteilung *Prozedur* oder *Unterroutine.* Sie entsteht normalerweise dadurch, daß ein Programmstück mehrmals benötigt wird, der Programmierer dieses aber nur einmal festlegt und dann von verschiedenen Stellen seines Programmes aus aufruft.
Dieser Aufruf hat folgendes

Format:

<u>PERFORM</u> *Prozedurname-1* [<u>THRU</u> *Prozedurname-2*]

$$\left[\begin{Bmatrix}\text{Ganzzahl}\\ \textit{Datenname}\end{Bmatrix}\ \underline{\textit{TIMES}}\right]$$

Durch *Prozedurname-1* wird angegeben, an welcher Stelle (Kapitel oder Paragraph) die Prozedur beginnen soll. *Prozedurname-2* besagt, bis zu welchem Abschnitt einschließlich diese Prozedur laufen soll. Wird *Datenname-2* nicht angegeben, so ist die Prozedur bei dem nach *Prozedurname-1* folgenden Kapitel bzw. Paragraphen beendet.
Durch die Angabe von *Ganzzahl* bzw. *Datenname* kann festgestellt werden, wie oft jeweils diese Prozedur durchlaufen werden soll, bevor die Anweisungen nach PERFORM... bearbeitet werden. Fehlt diese Angabe, so wird die Prozedur nur einmal durchlaufen.

Beispiel:

```
PROCEDURE DIVISION.
AUFRUF SECTION.
START.                  PERFORM EINGABE.             (1)
                        PERFORM VERARBEITUNG.        (2)
                        PERFORM AUSGABE.             (3)
                        STOP RUN.
EINGABE SECTION.
LESEN.                  READ...
                        MOVE...
                        MOVE...
VERARBEITUNG SECTION.
RECHNUNG.               ADD...
                        SUBTRACT...
                        PERFORM WURZEL 2 TIMES.      (4)
                        PERFORM RECHNUNG-1           (5)
                        THRU RECHNUNG-2.
                        GO TO VERARB-ENDE.
RECHNUNG-1.             MULTIPLY...
                        ADD...
                        .
                        .
                        .
RECHNUNG-2.             SUBTRACT...
                        DIVIDE...
                        COMPUTE...
WURZEL.                 DIVIDE...
                        MOVE...
```

```
                         .
                         .
VERARB-ENDE.             EXIT.
AUSGABE SECTION.
DRUCK.                   WRITE...
                         .
                         .
                         .
```

Erklärung: Mit der ersten PERFORM-Anweisung (1) wird die gesamte EINGABE SECTION aufgerufen und einmal durchlaufen. Danach kehrt das Programm zum zweiten PERFORM-Aufruf (2) zurück und dieser veranlaßt, daß das Kapitel VERARBEITUNG SECTION einmalig durchgearbeitet wird. In diesem Kapitel wird wiederum durch Anweisung (4) der Paragraph WURZEL zweimal aufgerufen und durchlaufen, bevor nachträglich durch (5) die Paragraphen RECHNUNG-1 und RECHNUNG-2 nacheinander aufgerufen werden. Nachdem die Anweisung (5) beendet ist, wird zum Ende der VERARBEITUNG SECTION verzweigt. Dieser Paragraph (VERARB-ENDE) enthält nur die Anweisung EXIT, welche besagt, es soll hinter den ursprünglichen PERFORM-AUFRUF (2) zurückverzweigt werden. Vor Programmende wird noch die Anweisung (3), welche nun ihrerseits die AUSGABE SECTION aufruft, ausgeführt. Dann erst würde das Programm beendet werden.

Anmerkung: Jedes Kapitel (bzw. Paragraph) wird so lange als dasselbe Kapitel (Paragraph) betrachtet, bis ein neues Kapitel (Paragraph) erscheint.

Das Ende eines Kapitels (Paragraphen) kann durch einen Paragraphen (Marke), welcher nur die Anweisung EXIT enthält, gekennzeichnet werden.

Die Angabe von THRU . . . ist immer dann zu geben, wenn mehrere Paragraphen zusammenhängend durchlaufen werden sollen.

Der Programmablauf wird nach Ausführung der PERFORM-Anweisung immer wieder bei dem dieser Anweisung folgenden Befehl fortgeführt.

4.3.6.6, Abänderung der Aufgabe 3 in der Aufgabe 3 A

Die Aufgabe 3 soll so abgewandelt werden, daß die Berechnung von GESAMTPREIS und GESAMTWERT in einem Paragraphen mit dem Namen RECHNUNG geschieht, und durch PERFORM an der im Programm benötigten Stelle aufgerufen wird!

Die Wertzuweisung 'ZERO → GESAMTWERT' wird diesmal in der DATA DIVISION vorgenommen.
Der Paragraph RECHNUNG darf an jeder Stelle der PROCEDURE DIVISION stehen. Es ist jedoch darauf zu achten, daß er nicht nur durch PERFORM angesprungen werden kann, sondern eventuell auch durch die normale Programmfolge erreicht wird. Darum ist es immer günstig, diese Unterroutinen im Anschluß an alle anderen im Programm benötigten Anweisungen vorzunehmen.

4.4. Weitere COBOL-Befehlswörter und deren Anwendung

Bevor wir uns einer anderen Aufgabenstellung zuwenden, wollen wird noch einige Anwendungen von weiteren COBOL-Befehlswörtern kennenlernen.

4.4.1. MOVE-Befehlswort (erweiterte Darstellung)

In Abschnitt 4.1.6 hatten wir schon den MOVE-Befehl besprochen, jedoch dort die Einschränkung gemacht, daß sowohl das Sendefeld als auch das Empfangsfeld der gleichen Datenklasse angehören soll, was jedoch nicht immer der Fall sein muß. Außerdem ist es möglich, das Sendefeld gleichzeitig in mehrere Empfangsfelder zu übertragen. Wir erhalten daher ein erweitertes

Format:

$$\underline{\text{MOVE}}\left\{\begin{array}{l}\textit{Datenname-1}\\ \textit{Literal}\\ \textit{figurative Konstante}\end{array}\right\}\quad \underline{\text{TO}}\ \textit{Datenname-2...Datenname-n}$$

Die möglichen Kombinationen der Empfangs- bzw. Sendefelder sind in Anhang D dargestellt.
Grundsätzlich sollen hier aber folgende **Regeln** aufgestellt werden.

- Die Datenübertragung wird vom Sendefeld ausgehend in das Empfangsfeld vorgenommen, wobei immer eine Datenkonvertierung (Umsetzung) in die Form des Empfangsfeldes gegeben ist.
- Eine Übertragung von nichtnumerischen Sendefeldern in numerische Empfangsfelder ist ausgeschlossen. Der umgekehrte Fall ist mit einigen Ausnahmen (Anhang D) möglich.
- Wenn das Empfangsfeld *alphanumerisch* definiert ist, wird keine Datenumsetzung eines anders definierten Sendefeldes vorgenommen.

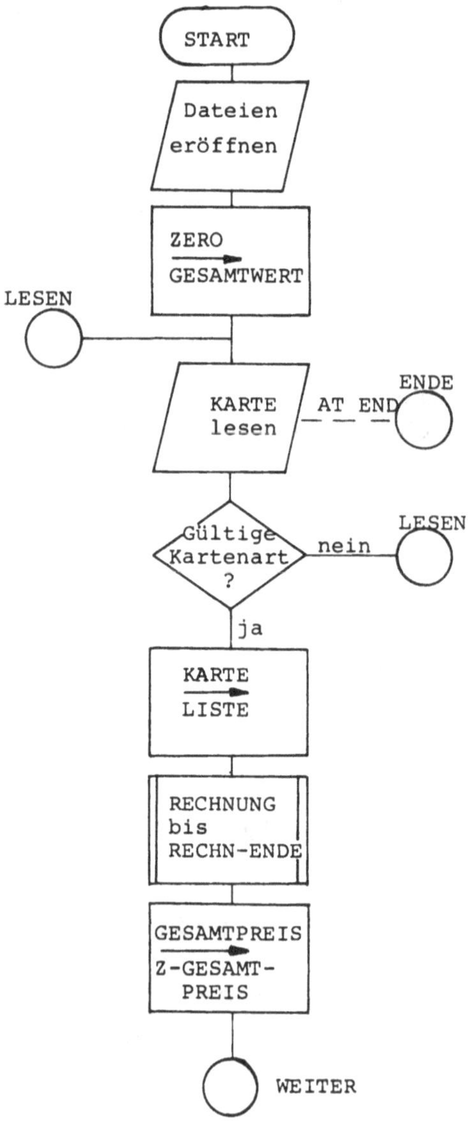

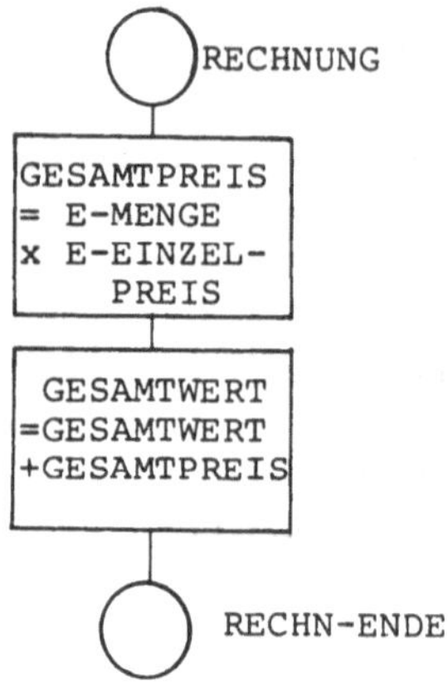

Die Programmteile
WEITER
ENDE
SCHLUSS
sind identisch mit denen der Aufgabe 3. (Abb. 18)

Abb. 20: Programmablaufplan zu Aufgabe 3 A

Abb. 21: COBOL-Programm der Aufgabe 3 A.

```
001010 IDENTIFICATION DIVISION.
001020 PROGRAM-ID.  'AUFG-3A'.
001030 REMARKS.     PROGRAMM WIE AUFG-3 JEDOCH MIT PROZEDURAUFRUF.

001050 ENVIRONMENT DIVISION.
          .
          .  SIEHE AUFG-3
          .

001090 DATA DIVISION.
001100 FILE SECTION.
          .
          .  SIEHE AUFG-3
          .
001140 WORKING-STORAGE SECTION.
001150     77 GESAMTPREIS      PICTURE S9(7)V99.
001160     77 GESAMTWERT       PICTURE S9(7)V99    VALUE ZERO.

001180 PROCEDURE DIVISION.
001190 START.  OPEN INPUT KARTE OUTPUT LISTE.
          .
          .  SIEHE AUFG-3
          .
001230     MOVE E-MENGE TO Z-MENGE.
001240     PERFORM RECHNUNG THRU RECHN-ENDE.
002010     MOVE GESAMTPREIS TO Z-GESAMTPREIS.
002020     IF BLATTENDE  WRITE ZEILE AFTER 0
          .
          .  SIEHE AUFG-3
          .
002060 SCHLUSS. CLOSE KARTE LISTE  STOP RUN.
002080 RECHNUNG.
002090     MULTIPLY E-MENGE BY E-EINZELPREIS GIVING GESAMTPREIS ROUNDED
002100     ADD GESAMTPREIS TO GESAMTWERT.
002110 RECHN-ENDE.  EXIT.
```

- Ist das Empfangsfeld eine Datengruppe, wird keine Konvertierung vorgenommen, auch wenn die Elemente dieser Datengruppe nicht mit der Datenklasse des Sendefeldes übereinstimmen. Die Übertragung wird von links ausgehend nach rechts vorgenommen.
- Auf die Grundregel für Übertragungen in Abschnitt 4.1.6 sei nochmals hingewiesen!

Eine zusätzliche Form des MOVE-Befehlswortes erlaubt es, gleichlautend definierte *Datennamen* innerhalb mehrerer *Datengruppen* zu übertragen, ohne für jede Übertragung eine einzelne MOVE-Anweisung zu geben.

Format:

MOVE CORRESPONDING *Datenname-1* TO *Datenname-2...*

Voraussetzung dieser Übertragung ist, daß *Datenname-1,* Datenname-2 ... die Namen von *Datengruppen* sind. Die unter diesen Gruppen beschriebenen Bereiche, welche durch CORRESPONDING übertragen werden sollen, müssen gleiche Namen besitzen. Bei der Übertragung wird wie vorher beschrieben in die Form des jeweiligen Empfangsfeldes konvertiert.

Beispiel:

Ø1 **A-SATZ.**
  Ø2 **ARTIKEL-NR**
  Ø2 ART-BEZEICHNER
  Ø2 MENGE
  Ø2 **PREIS**
  Ø2 **BEST-NR**

Ø1 **B-SATZ.**
  Ø2 **BEST-NR**
  Ø2 **ARTIKEL-NR**
  Ø2 **PREIS**
  Ø2 LIEFERANT.
    Ø3 NAME
    Ø3 ORT

Die Anweisung

MOVE CORRESPONDING A-SATZ TO B-SATZ

würde *folgende Übertragungen* veranlassen:

ARTIKEL-NR	aus A-SATZ → ARTIKEL-NR	aus B-SATZ.
PREIS	aus A-SATZ → PREIS	aus B-SATZ.
BEST-NR	aus A-SATZ → BEST-NR	aus B-SATZ.

Alle anderen Felder bleiben, da ihre Namen nicht übereinstimmen unberücksichtigt.
Um nun einen solchen mehrfach unter demselben Namen definierten Bezeichner auch direkt ansprechen zu können, ist in einem solchen Befehl zusätzlich eine weitere Identifikation notwendig. Diese wird erreicht durch

Format:

$$\textit{Datenname-1} \left\{ \begin{matrix} \underline{\text{IN}} \\ \underline{\text{OF}} \end{matrix} \right\} \textit{Datenname-2} \left[\left\{ \begin{matrix} \underline{\text{IN}} \\ \underline{\text{OF}} \end{matrix} \right\} \textit{Datenname-3} \ldots \right]$$

Dabei ist zu beachten, daß diese Identifikation von der niedrigsten beginnend bis zur höchsten Stufennummer vorgenommen werden muß. Die Konnektoren IN und OF haben gleiche Bedeutung.

Beispiele:

```
MOVE ARTIKEL-NR   IN A-SATZ TO ARTIKEL-NR   IN B-SATZ.
MOVE BEST-NR      OF A-SATZ TO BEST-NR      IN B-SATZ.
MOVE PREIS        OF A-SATZ TO PREIS        OF B-SATZ.
```

4.4.2. DISPLAY-Befehlswort

Dieses Befehlswort wird dazu benutzt, eine Anweisung zur Ausgabe von kleineren Datenmengen, wie z. B. *Fehlermeldungen, Hinweise, Zwischenergebnisse* usw. zu beschreiben. Dabei wird die Ausgabe auf den Bedienungsblattschreiber vorgenommen, wenn UPON CONSOLE angegeben wurde, ansonsten auf dem Schnelldrucker bzw. dem der Rechenanlage zugewiesenen Ausgabegerät. Datenbereiche, welche mit DISPLAY ausgegeben werden sollen, müssen nicht in der FILE SECTION erklärt werden. Es handelt sich dabei nicht um eine Ausgabedatei, so daß auch kein OPEN-Befehl dafür geschrieben werden darf!

Format:

```
DISPLAY { Datenname-1 } ... [ UPON { CONSOLE  } ]
        { Literal-1   }     [      { Merkname } ]
```

Bei Angabe von *Merkname* muß dieser Name in dem Paragraphen SPECIAL-NAMES (Abschnitt 3.2) dem vom Hersteller einer EDV-Anlage festgelegten Gerätenamen zugeordnet sein.

Beispiele:

1. DISPLAY 'SIZE ERROR BEI DER BERECHNUNG VON GESAMTWERT!' UPON CONSOLE.

   Diese Anweisung würde genau die zwischen den Apostrophen angegebene Meldung auf der Console ausgeben.

2. DISPLAY 'FEHLER IN DER LOCHKARTE NR.' ZAEHLER UPON CONSOLE.

   Es wird das Literal ausgegeben und dahinter der in dem Datennamen ZAEHLER *stehende Wert.*

3. DISPLAY WERT1, WERT2, WERT3.

   Die Inhalte von WERT1, WERT2 *und* WERT3 *werden auf dem Drucker ausgegeben.*

4.4.3. ACCEPT-Befehlswort

Mit diesem Befehl können kleinere Datenmengen in das COBOL-Programm eingelesen werden, ohne daß eine Datei für diese Daten vorhanden sein muß.

Format:

$$\underline{\text{ACCEPT}}\ \textit{Datenname}\ \left[\underline{\text{FROM}}\ \left\{\begin{array}{l}\underline{\text{CONSOLE}}\\ \textit{Merkname}\end{array}\right\}\right]$$

Der eingegebene Wert wird in *Datenname* abgespeichert und steht nach der ACCEPT-Anweisung für das Programm zur Verfügung. *(Definition von Datenname in der* DATA DIVISION.)
Bei Angabe von CONSOLE wird der Wert *Datenname* von der CONSOLE aus eingelesen; wenn diese Angabe fehlt, wird das der Rechenanlage zugewiesene Systemeingabegerät (meist Lochkartenleser) angesprochen.
Die Angabe von *Merkname* wird entsprechend Abschnitt 4.4.2 benutzt.

Beispiel:

```
ACCEPT DATUM FROM CONSOLE.
```

Das Programm erwartet die Eingabe von DATUM *über den Bedienungsblattschreiber. Erst nachdem dieses Datum eingegeben wurde, wird das Programm fortgesetzt.*

Eine **Kombination** von DISPLAY und ACCEPT ist in vielen Fällen dienlich, da der Operateur an der Konsole ja nicht weiß, warum das Programm anhält und wartet. Aus diesem Grund gibt man vorher eine Erklärung mit DISPLAY aus und erwartet dann mit ACCEPT die Antwort.

Beispiele:

1.
```
DISPLAY 'GIB DATUM IN DER FORM
TT.MM.JJ EIN!' UPON CONSOLE.

ACCEPT DATUM FROM CONSOLE.
```

Zuerst wird hier ein Text ausgegeben, der besagt, daß und in welcher Form ein Datum eingegeben werden soll. Nachdem dieses auf der Konsole geschrieben wurde, wird das Programm fortgesetzt.

2. DISPLAY 'SOLL PROGRAMM FORTGESETZT WERDEN? ANTWORT: J = JA N= NEIN!' UPON CONSOLE.

   ACCEPT ANTWORT FROM CONSOLE.
   IF ANTWORT = 'N' GO TO ENDE
   ELSE NEXT SENTENCE.

   In diesem Beispiel wird ein Wert von der Konsole erwartet, welcher das Programm entweder abschließt (wenn Antwort = 'N') oder aber fortsetzt.

4.4.4. ALTER-Befehlswort

Durch die Angabe dieses Befehlswortes können in COBOL Ansprungadressen (Marken, Paragraphen), welche in einem GO TO-Befehl verwendet werden, modifiziert werden.

Format:

ALTER *Marke-1* TO PROCEED TO *Marke-2*
[*Marke-3* TO PROCEED TO *Marke-4* ...]

Der Zweck dieses Befehlswortes ist es, den Programmablauf über ein und dieselbe GO TO-Anweisung, abhängig von programmlogischen Gegebenheiten, an verschiedene Fortsetzungspunkte zu leiten. Die Abänderung dieser *Adresse* (Marke) muß dabei vor dem nochmaligen Erreichen dieser Anweisung vorgenommen worden sein.

Beispiel:

```
  .
  .
  .
LESEN.          READ KARTE AT END
                ALTER SCHALTER TO PROCEED TO SCHLUSS.
SCHALTER.       GO TO VERARBEITUNG.
  .
  .
  .
VERARBEITUNG.   MOVE...
```

```
                    GO TO LESEN.
SCHLUSS.            CLOSE...
                    STOP RUN.
```

Das Beispiel zeigt, daß nach dem Einlesen einer Karte der Programmlauf immer zu VERARBEITUNG verzweigt wird. Wenn jedoch keine Karten mehr vorhanden sind (AT END), wird durch die ALTER-Anweisung für diese Ansprung-Adresse in dem Befehl GO TO VERARBEITUNG die Adresse von SCHLUSS eingetragen. Dadurch wird in diesem Fall nicht zu VERARBEITUNG sondern zu SCHLUSS verzweigt.

4.4.5. EXAMINE-Befehlswort

Diese Anweisung macht es möglich, ein der USAGE-Klausel DISPLAY entsprechendes Feld auf bestimmte Zeichen zu untersuchen, diese zu ersetzen oder zu zählen bzw. beide Funktionen gleichzeitig auszuführen.

Format 1:

$$\underline{\text{EXAMINE}}\ \textit{Datenname}\ \ \underline{\text{REPLACING}}\ \left\{\begin{array}{l}\underline{\text{ALL}}\\ \underline{\text{LEADING}}\\ [\underline{\text{UNTIL}}]\ \underline{\text{FIRST}}\end{array}\right\} \textit{Literal-1}\ \underline{\text{BY}}\ \textit{Literal-2}$$

Format 2:

$$\underline{\text{EXAMINE}}\ \textit{Datenname}\ \ \underline{\text{TALLYING}}\ \left\{\begin{array}{l}\underline{\text{ALL}}\\ \underline{\text{LEADING}}\\ \underline{\text{UNTIL FIRST}}\end{array}\right\} \textit{Literal-1}$$

$$[\underline{\text{REPLACING BY}}\ \ \textit{Literal-2}]$$

Die Literale in dieser Anweisung dürfen nur aus einem einzigen Zeichen bestehen. Dabei ist ein nichtnumerisches Literal in Apostrophe zu setzen. Bei einem numerischen Literal müssen diese entfallen. Mit Ausnahme von ALL *'Zeichen'* können auch die in Abschnitt 4.2.2.1 besprochenen figurativen Konstanten gesetzt werden. Das Durchsuchen des Feldes geschieht immer von links nach rechts.

REPLACING. Mit dieser Anwendung kann ein bestimmtes Zeichen in einem Feld durch ein anderes bestimmtes Zeichen ersetzt werden. Dabei gilt bei der

Angabe von ALL, daß alle diese Zeichen ersetzt werden und LEADING besagt, es sollen nur die führenden Zeichen, welche mit *Literal-1* übereinstimmen, ersetzt werden. Die Angabe von UNTIL FIRST besagt, es werden alle Zeichen bis zum ersten Auftreten von *Literal-1* durch *Literal-2* ersetzt. FIRST bedeutet, daß nur das erste Zeichen, welches mit *Literal-1* übereinstimmt durch *Literal-2* ersetzt wird.

Beispiel:

```
EXAMINE FELD-1 REPLACING ALL 'A' BY 'B'.
```

FELD-1 (vorher)

A	B	A	B	A	B	A

FELD-1 (nachher)

B	B	B	B	B	B	B

```
EXAMINE FELD-2 REPLACING ALL Ø BY 1.
```

FELD-2 (vorher)

Ø	Ø	1	Ø	2	Ø	3	4	5

FELD-2 (nachher)

1	1	1	1	2	1	3	4	5

```
EXAMINE FELD-3 REPLACING LEADING ZEROES BY SPACES.
```

FELD-3 (vorher)

Ø	Ø	Ø	1	2	3	4

FELD-3 (nachher)

␣	␣	␣	1	2	3	4

```
EXAMINE FELD-4 REPLACING UNTIL FIRST 7 BY ZERO.
```

FELD-4 (vorher)

1	Ø	2	3	7	1

FELD-4 (nachher)

Ø	Ø	Ø	Ø	7	1

```
EXAMINE FELD-5 REPLACING FIRST 7 BY ZERO.
```

FELD-5 (vorher)

1	Ø	7	3	7	1

FELD-5 (nachher)

1	Ø	Ø	3	7	1

TALLYING. Durch diese Anwendung wird gezählt, wie oft ein bestimmtes Zeichen in einem Datenfeld erscheint. Es kann zusätzlich durch die REPLACING-Angabe durch ein anderes Zeichen ersetzt werden.
Das Ergebnis der Anweisung steht in Form einer ganzen Zahl in einem *binären Datenfeld,* welches automatisch durch den Compiler erzeugt wird und unter dem Namen TALLY angesprochen werden kann. Vor jeder Zähl-Operation wird der TALLY auf *Null* gesetzt, so daß in ihm immer nur der durch die Zählfunktion zustandegekommene Wert zur Verfügung steht.

Beispiel:

```
EXAMINE FELD-1 TALLYING ALL '␣'.
```

FELD-1

A	B	␣	C	␣	D	E	F	␣	␣	␣

TALLY

Ø	Ø	Ø	Ø	5

```
EXAMINE FELD-2 TALLYING LEADING ZEROES.
```

FELD-2

Ø	Ø	Ø	Ø	1	2	Ø	4	5

TALLY

Ø	Ø	Ø	Ø	4

```
EXAMINE FELD-3 TALLYING UNTIL FIRST 'X'.
```

FELD-3

A	B	C	␣	D	E	␣	F	X	1	2	3

TALLY

Ø	Ø	Ø	Ø	8

```
EXAMINE FELD-4 TALLYING ALL 'A' REPLACING BY 'B'.
```

FELD-4 (vorher)

A	B	C	A	B	C	A	B	C	A	B

FELD-4 (nachher)

B	B	C	B	B	C	B	B	C	B	B

TALLY

Ø	Ø	Ø	Ø	4

4.4.6. NOTE-Befehlswort

Format:

NOTE *Text.*

Mit dieser Anweisung kann in der PROCEDURE DIVISION ein beliebiger erklärender *Text* eingefügt werden, *welcher keinen Einfluß* auf den Programmablauf hat.
Dabei müssen folgende **Regeln** beachtet werden:

- NOTE muß das erste Wort eines Programmsatzes sein. Der Text wird bei dem ersten auftretenden Punkt mit folgendem Zwischenraum als beendet angesehen.
- Wenn NOTE das erste Wort eines Paragraphen ist, wird der gesamte Paragraph als *Text* aufgefaßt.
- Der *Text* erscheint in dem vom Compiler erzeugten Protokoll und hat keinen Einfluß auf den Programmablauf.

Beispiele:

```
1.          NOTE  HIER BEGINNT DIE VERARBEITUNG.

2.     A-PARAGRAPH.
            NOTE  DIE BERECHNUNG ERFOLGT DURCH DIE
                  FORMEL:
                  COMPUTE X = Y * Y + (3-8 * X1) * 3/5.

       B-PARAGRAPH.
            MOVE...
             .
             .
             .
```

In dem letzten Beispiel wird der gesamte A-PARAGRAPH als Bemerkung aufgefaßt, d. h. auch die Anweisung COMPUTE... wird nicht vom Compiler übersetzt.

4.4.7. Fortsetzung von nichtnumerischen Literalen in einer Folgezeile

Ein **nichtnumerisches** Literal (siehe Abschnitt 2.2.2.e) darf bis zu **120 Zeichen** enthalten, welche ja nicht in einer einzigen Lochkarte aufgenommen werden können. Es muß darum in einer bzw. mehreren Lochkarten fortgesetzt werden. Dies geschieht dadurch, daß das Literal beim Erreichen der 72. Spalte abgebrochen wird und in der Folgekarte durch Angabe eines Bindestrichs in Spalte 7 und einem folgenden Apostroph fortgesetzt wird. Der Abschluß erfolgt normal, d. h. am Ende des Literals steht ein Apostroph.

Beispiel:

COBOL-Ablochschema

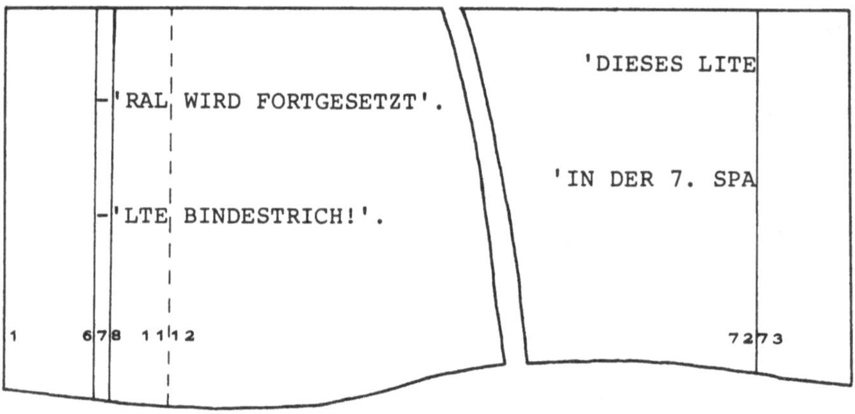

Abb. 22: Fortsetzung von nichtnumerischen Literalen

Anmerkung: Die Möglichkeit der Fortsetzung in einer Folgezeile ist nur bei nichtnumerischen Literalen gegeben.
Numerische Literale dürfen nicht unterbrochen werden.

4.5. Aufgabe 4 (Rechnungsschreibung)

Die bisherigen Aufgaben waren noch nicht sehr umfangreich in ihrer Verarbeitung, sollten dem Leser auch nur die Prinzipien der COBOL-Programmierung vermitteln. Nun wollen wir uns aber einer Aufgabenstellung zuwenden, welche weiterführend zusätzlich sowohl Verarbeitung von Band-Dateien als auch einen besseren und übersichtlicheren Ausdruck der jeweiligen Ergebnisse vornimmt.

Ein Betrieb führt eine Kundendatei (Magnetband), in welcher die Sätze nach Kunden-Nr. aufsteigend sortiert sind. Jeder **Kundensatz** beinhaltet folgende Information:

Stelle 1 bis 5 Kunden-Nr.
Stelle 6 bis 25 Name und Vorname
Stelle 26 bis 29 Postleitzahl
Stelle 30 bis 43 Ort
Stelle 44 bis 60 Straße und Hausnummer
Stelle 61 bis 62 Rabattsatz
Stelle 63 bis 70 Umsatzsumme des laufenden Jahres

Auf dem Magnetband sind jeweils 10 Sätze zu einem Block zusammengefaßt.

Am Ende des Monats soll für jeden Kunden, welcher in dieser Zeit irgendwelche Artikel bezogen hat, eine Rechnung erstellt werden, aus der Artikelnummer, Artikelbezeichnung, Menge, Einzelpreis und Gesamtpreis der einzelnen Positionen hervorgeht. Am Schluß der Rechnung sind die DM-Werte für Bruttobetrag, Rabatt, Nettobetrag, Mehrwertsteuer und Rechnungsbetrag auszudrucken (siehe Abb. 23).
Als Eingabe dienen **Lochkarten**, welche pro Kunde und Artikel folgende Einteilung besitzen:

Spalte 1 bis 5 Kunden-Nr.
Spalte 6 bis 10 Artikel-Nr.
Spalte 11 bis 25 Artikelbezeichnung
Spalte 26 bis 29 Menge
Spalte 30 bis 34 Einzelpreis

Diese Karten sind nach Kunden-Nr. und Artikel-Nr. aufsteigend sortiert und können pro Kunden bis zu zwanzigmal vorkommen.
In der bisherigen Kundendatei soll die Umsatzsumme jedes Kunden um die neuen Umsatzsummen ergänzt werden.
Für diese Verarbeitung ergibt sich folgendes Grobschema:

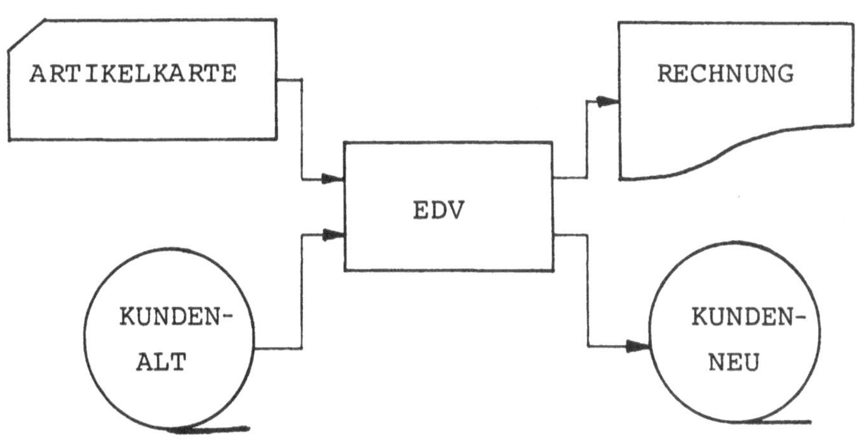

Kunden, zu denen keine paarigen Artikelkarten vorhanden sind, werden nicht bearbeitet. Es ist aber zu beachten, daß auch sie in die neue (modifizierte) Kundendatei übernommen werden müssen.
Das Rechnungsdatum ist am Anfang der Verarbeitung mit dem Text 'GIB DATUM TT.MM.JJ' über den Bedienungsblattschreiber (Console) anzufordern.

4.5.1. Erklärungen zu Aufgabe 4

Das Schwierigste an dieser Aufgabe scheint das Verstehen der Aufgabenstellung selbst zu sein und damit verbunden die Aufstellung des Programmablaufplanes. Diese Fähigkeiten wird der Anfangsprogrammierer aber erst im Laufe seiner Arbeit mit derartigen Problemstellungen voll erlangen können. Sie sind jedoch Voraussetzung für das Schreiben eines optimalen COBOL-Programms.
Diese Aufgabe wurde bewußt dermaßen gelöst, daß der Leser die vorher besprochenen COBOL-Befehle auch anwenden kann. Natürlich ist es möglich, diese Aufgabe anders zu lösen, zum Beispiel ohne SCHALTER. Es ist auch möglich, die druckaufbereiteten Felder der Summenzeile sofort als Ergebnisfelder zu benutzen, ohne den Umweg über die unter der Stufennummer 77 definierten gleichbedeutenden Felder zu gehen. Auch die Überschriftszeilen könnten anders, d. h. durch MOVE-Befehle aufgefüllt werden. Bei der Programmierung dieser Aufgabe werden die Zeilenvorschübe immer nach der Methode *Ganzzahl* (siehe Abschnitt 4.2.6) vorgenommen. Speziell bei mehreren Zwischenzeilen eignet sich dazu auch die andere dort beschriebene Methode. Eine Blattwechselroutine ist in Aufgabe 4 überflüssig, da in der Aufgabenstellung gesagt wurde, es könnten nur maximal 20 Artikelarten pro Kunde vorkommen. Es ist bestimmt sinnvoll, wenn der Leser bei dieser Aufgabe etwas verweilt und sie voll zu verstehen versucht. Vielleicht ist es sehr lehrreich, sie einmal nach eigenen Gedanken und mit anderen Definitionen neu zu erstellen.

4.6. OCCURS-Klausel

Mit dieser Klausel wenden wir uns einem Anwendungsgebiet zu, welches gewisse mathematische Kenntnisse über *indizierte Bereiche* (Matrizen) voraussetzt. In COBOL nennen wir einen solchen Bereich **Tabelle** und wollen folgendes festlegen:
Eine **Tabelle** ist ein *Bereich,* bestehend aus einer Anzahl *gleichartiger Elemente,* welche durch ihren Namen und einen Index (d. h. die Stellung des Elementes innerhalb dieser Tabelle) angesprochen werden können. In der COBOL-Sprache werden zwei Formen der Tabellenverarbeitung verwendet: *Subskribierung* und *Indizierung.*

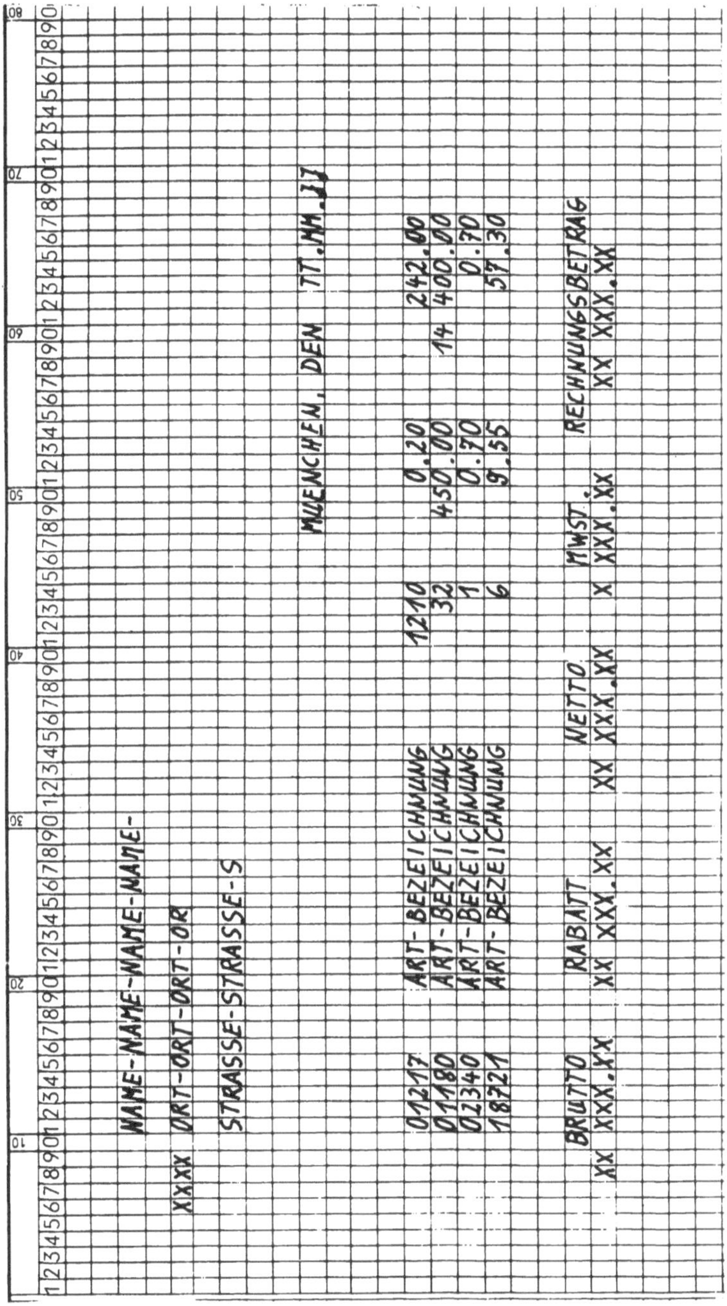

Abb. 23: Listenbild zu Aufgabe 4

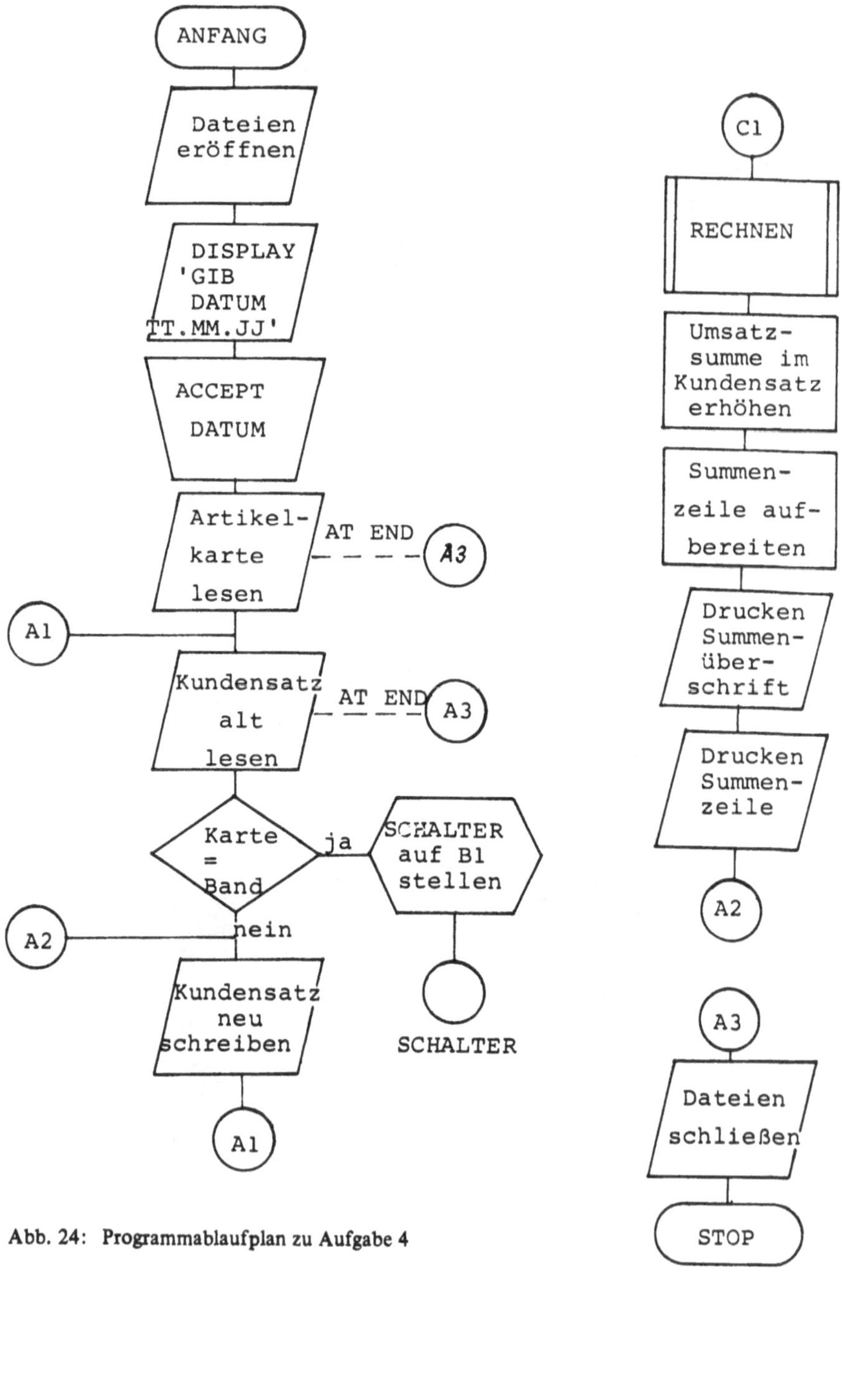

Abb. 24: Programmablaufplan zu Aufgabe 4

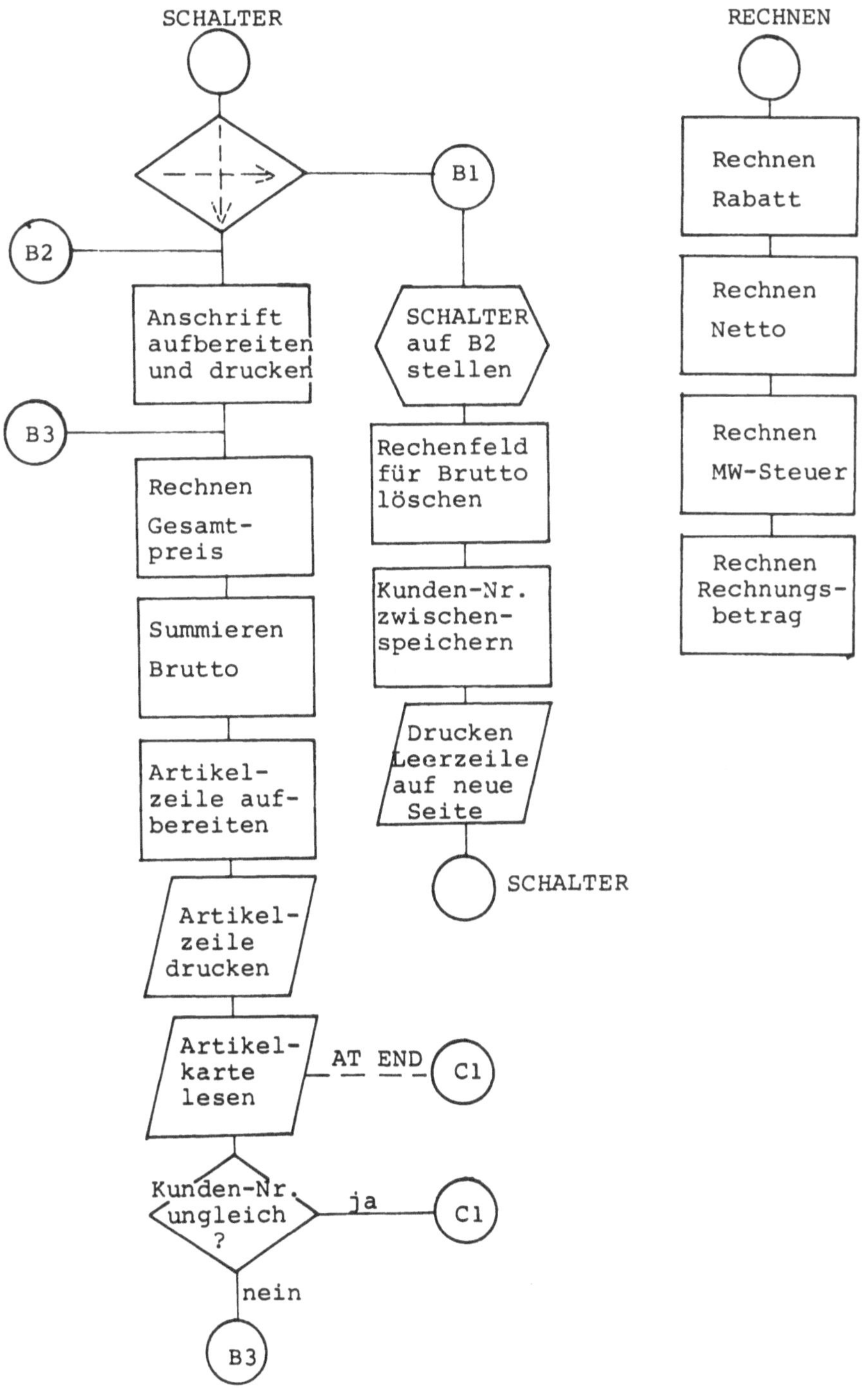
SCHALTER
B1
B2
Anschrift aufbereiten und drucken
B3
Rechnen Gesamt-preis
Summieren Brutto
Artikel-zeile auf-bereiten
Artikel-zeile drucken
Artikel-karte lesen
AT END
C1
Kunden-Nr. ungleich ?
ja
C1
nein
B3
SCHALTER auf B2 stellen
Rechenfeld für Brutto löschen
Kunden-Nr. zwischen-speichern
Drucken Leerzeile auf neue Seite
SCHALTER
RECHNEN
Rechnen Rabatt
Rechnen Netto
Rechnen MW-Steuer
Rechnen Rechnungs-betrag

Abb. 25: COBOL-Programm der Aufgabe 4.

```
IDENTIFICATION DIVISION.
PROGRAM-ID.  'AUFG-4'.
AUTHOR.      HAMBECK.
REMARKS.     PROGRAMM ZUR RECHNUNGSTELLUNG.

ENVIRONMENT DIVISION.
INPUT-OUTPUT SECTION.
FILE-CONTROL.
    SELECT KARTE     ASSIGN 'SYS010' UNIT-RECORD LESER-1.
    SELECT LISTE     ASSIGN 'SYS011' UNIT-RECORD DRUCKER-1.
    SELECT BAND-ALT  ASSIGN 'SYS012' UTILITY     BAND-1.
    SELECT BAND-NEU  ASSIGN 'SYS013' UTILITY     BAND-2.

DATA DIVISION.
FILE SECTION.
FD  KARTE RECORDING F, LABEL RECORD OMITTED,
    DATA RECORD ARTIKEL-KARTE.
01  ARTIKEL-KARTE.
  05 KDN-NR             PICTURE X(5).
  05 ART-NR             PICTURE X(5).
  05 ART-BEZ            PICTURE X(15).
  05 MENGE              PICTURE 9(4).
  05 EINZ-PREIS         PICTURE 9(3)V99.
FD  LISTE RECORDING F, LABEL RECORD OMITTED,
    DATA RECORD ZEILE.
01  ZEILE.
  05 INHALT             PICTURE X(70).
FD  BAND-ALT,  RECORDING F, LABEL RECORD STANDARD,
    BLOCK CONTAINS 10 RECORDS, DATA RECORD ALT-SATZ.
01  ALT-SATZ.
  05 A-KDN-NR           PICTURE X(5).
  05 A-NAME             PICTURE X(20).
  05 A-PLZ              PICTURE X(4).
  05 A-ORT              PICTURE X(14).
  05 A-STRASSE          PICTURE X(17).
  05 A-RABATT           PICTURE 9(2).
  05 A-UMSATZ           PICTURE 9(6)V99.
FD  BAND-NEU,  RECORDING F, LABEL RECORD STANDARD,
    BLOCK CONTAINS 10 RECORDS, DATA RECORD NEU-SATZ.
01  NEU-SATZ.
  05 NEU-INHALT         PICTURE X(70).
WORKING-STORAGE SECTION.
77  ZW-KDN-NR           PICTURE X(5).
77  BRUTTO-BETRAG       PICTURE 9(5)V99.
77  NETTO-BETRAG        PICTURE 9(5)V99.
77  RECHNUNGSBETRAG     PICTURE 9(5)V99.
77  RABATT-BETRAG       PICTURE 9(5)V99.
77  MEHRWERTSTEUER      PICTURE 9(4)V99.
01  NAMENSZEILE.
  05 FILLER             PICTURE X(10)  VALUE SPACES.
  05 NAME               PICTURE X(20).
01  ORTSZEILE.
  05 FILLER             PICTURE X(5)   VALUE SPACES.
  05 POSTL-ZAHL         PICTURE X(4).
  05 FILLER             PICTURE X      VALUE SPACES.
  05 ORT                PICTURE X(14).
01  STRASSENZEILE.
  05 FILLER             PICTURE X(10)  VALUE SPACES.
  05 STRASSE            PICTURE X(17).
```

```
004150 01  DATUMSZEILE.
004160    05 FILLER               PICTURE X(47)  VALUE SPACES.
004170    05 FILLER               PICTURE X(15)  VALUE 'MUENCHEN, DEN  '.
004180    05 DATUM                PICTURE X(8).
004200 01  ARTIKELZEILE.
004210    05 FILLER               PICTURE X(10)  VALUE SPACES.
004220    05 Z-ART-NR             PICTURE X(5).
004230    05 FILLER               PICTURE X(4)   VALUE SPACES.
004240    05 Z-ART-BEZ            PICTURE X(15).
004250    05 FILLER               PICTURE X(6)   VALUE SPACES.
004260    05 Z-MENGE              PICTURE ZZZ9.
004270    05 FILLER               PICTURE X(4)   VALUE SPACES.
004280    05 Z-EINZ-PREIS         PICTURE ZZ9.99.
004290    05 FILLER               PICTURE X(4)   VALUE SPACES.
004300    05 Z-GESAMT-PREIS       PICTURE ZZBZZ9.99.
005010 01  SUMMENUEBERSCHRIFT.
005020    05 FILLER               PICTURE X(9)   VALUE SPACES.
005030    05 FILLER               PICTURE X(6)   VALUE 'BRUTTO'.
005040    05 FILLER               PICTURE X(5)   VALUE SPACES.
005050    05 FILLER               PICTURE X(6)   VALUE 'RABATT'.
005060    05 FILLER               PICTURE X(8)   VALUE SPACES.
005070    05 FILLER               PICTURE X(5)   VALUE 'NETTO'.
005080    05 FILLER               PICTURE X(6)   VALUE SPACES.
005090    05 FILLER               PICTURE X(5)   VALUE 'MWST.'.
005100    05 FILLER               PICTURE X(3)   VALUE SPACES.
005110    05 FILLER               PICTURE X(15)  VALUE 'RECHNUNGSBETRAG'.
005130 01  SUMMENZEILE.
005140    05 FILLER               PICTURE X(7)   VALUE SPACES.
005150    05 BRUTTO-FELD          PICTURE ZZBZZ9.99B.
```

```
004020    05 FILLER               PICTURE X(10)  VALUE SPACES.
004030    05 NAME                 PICTURE X(20).
004050 01  ORTSZEILE.
004060    05 FILLER               PICTURE X(5)   VALUE SPACES.
004070    05 POSTL-ZAHL           PICTURE X(4).
004080    05 FILLER               PICTURE X      VALUE SPACES.
004090    05 ORT                  PICTURE X(14).
004110 01  STRASSENZEILE.
004120    05 FILLER               PICTURE X(10)  VALUE SPACES.
004130    05 STRASSE              PICTURE X(17).
```


```
004150 01  DATUMSZEILE.
004160    05 FILLER               PICTURE X(47)  VALUE SPACES.
004170    05 FILLER               PICTURE X(15)  VALUE 'MUENCHEN, DEN  '.
004180    05 DATUM                PICTURE X(8).
004200 01  ARTIKELZEILE.
004210    05 FILLER               PICTURE X(10)  VALUE SPACES.
004220    05 Z-ART-NR             PICTURE X(5).
004230    05 FILLER               PICTURE X(4)   VALUE SPACES.
004240    05 Z-ART-BEZ            PICTURE X(15).
004250    05 FILLER               PICTURE X(6)   VALUE SPACES.
004260    05 Z-MENGE              PICTURE ZZZ9.
004270    05 FILLER               PICTURE X(4)   VALUE SPACES.
004280    05 Z-EINZ-PREIS         PICTURE ZZ9.99.
004290    05 FILLER               PICTURE X(4)   VALUE SPACES.
004300    05 Z-GESAMT-PREIS       PICTURE ZZBZZ9.99.
005010 01  SUMMENUEBERSCHRIFT.
005020    05 FILLER               PICTURE X(9)   VALUE SPACES.
005030    05 FILLER               PICTURE X(6)   VALUE 'BRUTTO'.
005040    05 FILLER               PICTURE X(5)   VALUE SPACES.
```

```
   05 FILLER              PICTURE X(6)    VALUE 'RABATT'.
   05 FILLER              PICTURE X(8)    VALUE SPACES.
   05 FILLER              PICTURE X(5)    VALUE 'NETTO'.
   05 FILLER              PICTURE X(6)    VALUE SPACES.
   05 FILLER              PICTURE X(5)    VALUE 'MWST.'.
   05 FILLER              PICTURE X(3)    VALUE SPACES.
   05 FILLER              PICTURE X(15)   VALUE 'RECHNUNGSBETRAG'.
01  SUMMENZEILE.
   05 FILLER              PICTURE X(7)    VALUE SPACES.
   05 BRUTTO-FELD         PICTURE ZZBZZ9.99B.
   05 RABATT-FELD         PICTURE BBZZBZZ9.99B.
   05 NETTO-FELD          PICTURE BBZZBZZ9.99B.
   05 MWST-FELD           PICTURE BBZBZZ9.99.
   05 FILLER              PICTURE X(5)    VALUE SPACES.
   05 RECHN-FELD          PICTURE ZZBZZ9.99.

PROCEDURE DIVISION.
START.  OPEN INPUT KARTE, BAND-ALT
                 OUTPUT LISTE, BAND-NEU.
       DISPLAY 'GIB DATUM TT.MM.JJ' UPON CONSOLE
       ACCEPT DATUM FROM CONSOLE.
       READ KARTE AT END GO TO C1.
A1.    READ BAND-ALT AT END GO TO A3.
       IF KDN-NR = A-KDN-NR
           ALTER SCHALTER TO PROCEED TO B1, GO TO SCHALTER.
A2.    WRITE NEU-SATZ FROM ALT-SATZ, GO TO A1.
A3.    CLOSE KARTE LISTE BAND-ALT BAND-NEU.
       STOP RUN.
SCHALTER. GO TO B2.
B1.    ALTER SCHALTER TO PROCEED TO B2,
       MOVE ZEROES TO BRUTTO-BETRAG,
       MOVE KDN-NR TO ZW-KDN-NR,
       MOVE SPACES TO INHALT,
       WRITE ZEILE AFTER 0.
B2.    MOVE A-NAME      TO NAME.
       MOVE A-PLZ       TO POSTL-ZAHL.
       MOVE A-ORT       TO ORT.
       MOVE A-STRASSE   TO STRASSE.
       WRITE ZEILE FROM NAMENSZEILE   AFTER 3.
       WRITE ZEILE FROM ORTSZEILE     AFTER 2.
       WRITE ZEILE FROM STRASSENZEILE AFTER 2.
       WRITE ZEILE FROM DATUMSZEILE   AFTER 3.
       MOVE SPACES TO INHALT.
       WRITE ZEILE AFTER 3.
B3.    MULTIPLY MENGE BY EINZ-PREIS GIVING Z-GESAMT-PREIS.
       COMPUTE BRUTTO-BETRAG = BRUTTO-BETRAG
               + MENGE * EINZ-PREIS.
       MOVE ART-NR      TO Z-ART-NR
       MOVE ART-BEZ     TO Z-ART-BEZ
       MOVE MENGE       TO Z-MENGE
       MOVE EINZ-PREIS TO Z-EINZ-PREIS.
       WRITE ZEILE FROM ARTIKELZEILE  AFTER 1.
       READ KARTE AT END GO TO C1.
       IF KDN-NR NOT = ZW-KDN-NR GO TO C1
           ELSE GO TO B3.
C1.    PERFORM RECHNEN.
       ADD RECHNUNGSBETRAG TO A-UMSATZ.
       MOVE BRUTTO-BETRAG     TO BRUTTO-FELD.
       MOVE RABATT-BETRAG     TO RABATT-FELD.
       MOVE NETTO-BETRAG      TO NETTO-FELD.
```

```
008050      MOVE MEHRWERTSTEUER   TO MWST-FELD.
008060      MOVE RECHNUNGSBETRAG  TO RECHN-FELD.
008080      WRITE ZEILE FROM SUMMENUEBERSCHRIFT AFTER 3.
008090      WRITE ZEILE FROM SUMMENZEILE        AFTER 1.
008100      GO TO A2.
008130  RECHNEN.
008140      COMPUTE RABATT-BETRAG = BRUTTO-BETRAG * A-RABATT / 100.
008150      COMPUTE NETTO-BETRAG  = BRUTTO-BETRAG - RABATT-BETRAG.
008160      COMPUTE MEHRWERTSTEUER ROUNDED = NETTO-BETRAG / 100 * 11.
008170      COMPUTE RECHNUNGSBETRAG = NETTO-BETRAG + MEHRWERTSTEUER.
```

4.6.1. Subskribierung

In COBOL ist es möglich, *ein-*, *zwei-* oder *dreidimensionale* Tabellen zu verarbeiten. Für jede Dimension muß eine eigene OCCURS-Klausel angegeben werden mit folgendem

Format:

OCCURS *Ganzzahl* TIMES
[DEPENDING ON *Datenname*]

Diese Angabe erfolgt in der DATA DIVISION auf der Stufe von Oberbegriffen oder Datenelementen der Stufennummern Ø2 bis 49. Es werden in der Tabelle pro Dimension so viele Felder gleichen Formats gebildet, wie in *Ganzzahl* angegeben wurde. Mit der Angabe DEPENDING ON *Datenname* kann eine variable Anzahl von Feldern definiert werden, wobei jedoch der Wert von *Datenname* den Wert *Ganzzahl* nicht überschreiten darf. Vor der Verarbeitung der Tabelle muß *Datenname* den aktuellen Wert der Anzahl der Felder enthalten.

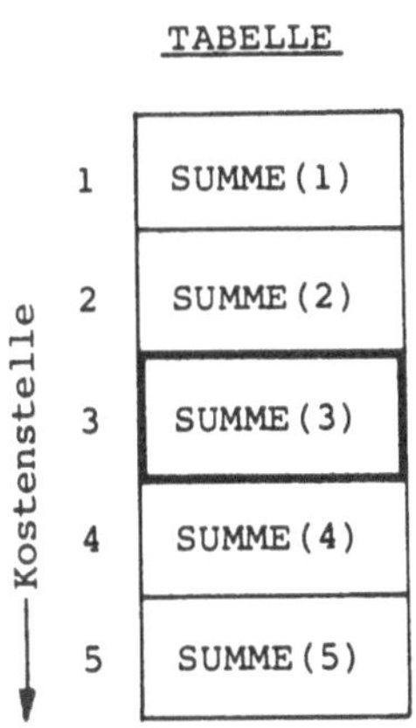


```
Definition:
    Ø1 TABELLE.
     Ø2 KOSTENSTELLE OCCURS 5.
      Ø3 SUMME PICTURE 9(6).

oder

    Ø1 TABELLE.
     Ø2 SUMME PICTURE 9(6)
              OCCURS 5.
```

Abb. 26: Beispiel einer eindimensionalen Tabelle

Das Ansprechen eines Feldes aus der Tabelle erfolgt durch Angabe des Datenelementes gefolgt von dem in Klammern stehenden Subskript, also

```
ADD     BETRAG  TO SUMME (1).
MOVE    ZERO    TO SUMME (3). (siehe Abb. 26)
```

Das Subskript kann auch ein *Datenname* sein, welcher jedoch vor dem Ansprechen des Feldes einen *ganzzahligen Wert aus dem Bereich* 1 *bis Ganzzahl enthalten muß.*

```
ADD     BETRAG  TO SUMME (KST).
MOVE    ZERO    TO SUMME (KST).
```

TABELLE — Abteilung →

Kostenstelle ↓	1	2	3
1	SUMME(1,1)	SUMME(1,2)	SUMME(1,3)
2	SUMME(2,1)	SUMME(2,2)	SUMME(2,3)
3	SUMME(3,1)	SUMME(3,2)	SUMME(3,3)
4	SUMME(4,1)	SUMME(4,2)	SUMME(4,3)
5	SUMME(5,1)	SUMME(5,2)	SUMME(5,3)

Abb. 27: Beispiel einer zweidimensionalen Tabelle

Definition:

```
Ø1 TABELLE.
   Ø2 KOSTENSTELLE OCCURS 5.
      Ø3 ABTEILUNG OCCURS 3.
         Ø4 SUMME PICTURE 9(6).
```

Verarbeitung:

ADD	BETRAG	TO SUMME (2, 3).	(siehe Abb. 27)
MOVE	ZERO	TO SUMME (4, 3).	
ADD	BETRAG	TO SUMME (KST, ABT).	

KST und ABT sind Datennamen, welche die ganzzahligen Werte der Stellung des Feldes innerhalb derTabelle enthalten.

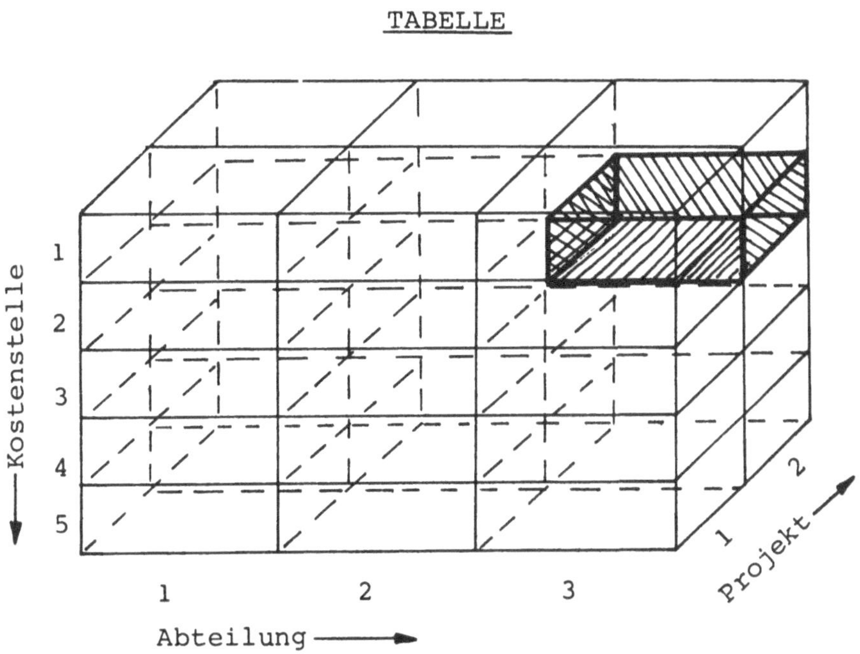

Abb. 28: Beispiel einer dreidimensionalen Tabelle

Definition:

```
Ø1 TABELLE.
   Ø2 KOSTENSTELLE   OCCURS 5.
      Ø3 ABTEILUNG   OCCURS 3.
         Ø4 PROJEKT  OCCURS 2.
            Ø5 SUMME PICTURE 9 (6).
```

Verarbeitung:

```
ADD     BETRAG   TO SUMME (2, 3, 2).        (siehe Abb. 28)
MOVE    ZERO     TO SUMME (5, 1, 1).
ADD     BETRAG   TO SUMME (KST, ABT, PROJ).
```

KST, ABT und PROJ enthalten ganzzahlige Werte größer Null, welche das Element in der Tabelle eindeutig identifizieren.

Regeln für Subskribierung

- Eine Tabelle darf nur aus lauter gleichartigen Elementen bestehen, d. h. sie müssen gleiche Länge und dieselbe Datenklasse besitzen.
- Der in der OCCURS-Klausel festgesetzte Wert *Ganzzahl* gibt die Anzahl der Wiederholungen eines Elements in einer Tabelle an.
- Ein Subskript muß immer eine ganze *Zahl größer Null* sein und darf den pro Dimension in der OCCURS-Klausel gesetzten Wert *Ganzzahl* nicht überschreiten.
- Ein Subskript wird in Klammern gesetzt. Dabei gilt die Regel, daß zwischen der öffnenden Klammer und dem ersten Zeichen sowie dem letzten Zeichen und der schließenden Klammer kein Leerzeichen sein darf. Mehrere Subskripte werden innerhalb der Klammern durch mindestens 1 Leerzeichen oder ein Komma mit folgendem Leerzeichen hinter dem letzten Zeichen eines Subskripts voneinander getrennt.
- Die Gesamtheit der Tabellenelemente ergibt sich aus der Multiplikation der je Dimension angegebenen Grenzen.

4.6.2. Indizierung

Im Gegensatz zur Subskribierung ist es bei der **Indizierung** von Tabellen notwendig, in der OCCURS-Klausel zusätzlich einen Indexdatennamen zu vergeben. Dieser Datenname muß in der DATA DIVISION definiert sein und sollte der USAGE-Klausel COMPUTATIONAL entsprechen.
Wird bei der Subskribierung zum Aufsuchen eines Tabellenelements der ganzzahlige Wert der Wiederholung dieses Elements angegeben, so wird bei der *Indizierung die aktuelle Distanz in Bytes,* ausgegangen vom Tabellenursprung, herangezogen.

Format:

<u>OCCURS</u> *Ganzzahl* TIMES [<u>DEPENDING</u> ON *Datenname*]
<u>INDEXED</u> BY *Indexdatenname-1* [*Indexdatenname-2* ...]

Der Wert von *Indexdatenname* kann im Programm nur durch eine SET-Anweisung geändert werden. Diese hat folgendes

Format:

$$\underline{\text{SET}} \begin{Bmatrix} \textit{Indexdatenname-1} \\ \textit{Datenname-1} \end{Bmatrix} \left[\begin{Bmatrix} \textit{Indexdatenname-2} \\ \textit{Datenname-2} \end{Bmatrix} \ldots \right]$$

$$\underline{\text{TO}} \begin{Bmatrix} \textit{Indexdatenname-n} \\ \textit{Datenname-n} \\ \textit{Ganzzahl} \end{Bmatrix}$$

Dabei werden *Indexdatenname-1, Indexdatenname-2* usw. auf den Wert von *Indexdatenname-n, Datenname-n* bzw. *Ganzzahl* gesetzt.

Beispiel:

In der DATA DIVISION

```
Ø1 TABELLE.
   Ø2 KOSTENSTELLE OCCURS 5 INDEXED BY X.
      Ø3 SUMME PICTURE 9(6).
```

In der PROCEDURE DIVISION:

```
      .
      .
      .
      SET X TO 3.
      .
      .
      .
      ADD BETRAG TO SUMME (X).
```

Die **Adresse** dieser dritten Wiederholung von SUMME wird intern wie folgt berechnet:

X = (3–1) x 6 = 12

Durch Angabe einer ganzen Zahl und eines + (Plus) bzw. – (Minus) hinter dem *Indexdatennamen* kann diese Adresse jeweils um die angegebene Anzahl von Bytes nach links oder rechts verschoben werden.

Beispiel:

MOVE ZERO TO SUMME (X + 2)

Dadurch würden nur die letzten 4 Bytes des Feldes SUMME (3) auf Null gesetzt werden.

Regeln für Indizierung:
- Der Indexdatenname darf nur ganzzahlige Werte enthalten. Der Wert des Indexes muß immer größer Null sein.
- Der Indexdatenname kann nur durch eine SET-Anweisung verändert werden.
- Auch mit der Index-Methode können nur bis zu dreidimensionale Tabellen bearbeitet werden. Es gelten die entsprechenden Regeln der Subskribierung.

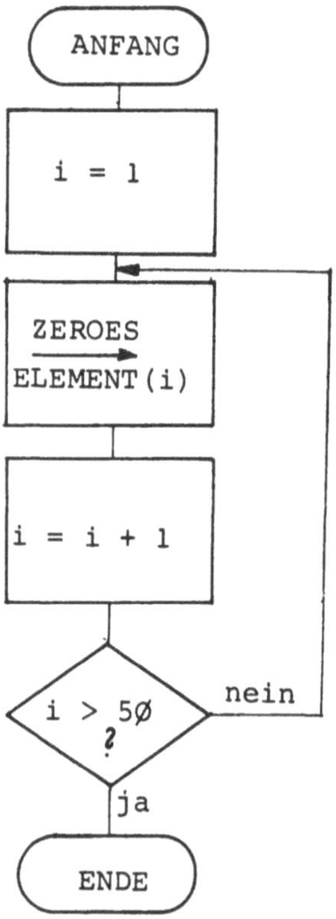


```
Ø1 TABELLE.
 Ø2 FILLER OCCURS 5Ø.
  Ø3 ELEMENT PICTURE 9(5).
```

Abb. 29: Programmschleife (Löschen einer Tabelle)

4.6.3. Programmschleifen

Oft gibt es Probleme, welche es erfordern, eine Tabelle Element für Element durchzusuchen und bei gewissen Kriterien eine bestimmte Verarbeitung vorzunehmen.

Die Logik einer solchen Verarbeitung zeigt die Abb. 29, in welcher eine eindimensionale Tabelle bestehend aus 50 Elementen auf den Wert Null gesetzt wird.

Die Programmierung dieses Planes könnte genau nach diesem Muster vorgenommen werden. In COBOL gibt es jedoch die elegante Möglichkeit, dieselbe Verarbeitung durch folgende **Laufanweisung** zu realisieren:

Format:

```
PERFORM   Prozedurname-1  [THRU   Prozedurname-2]

VARYING   Datenname-1      FROM  {Literal-1   }
                                 {Datenname-2 }

      BY {Literal-2   }   UNTIL   Bedingung-1
         {Datenname-3 }

[AFTER    Datenname-4     FROM  {Literal-3   }  BY {Literal-4   }]
[                               {Datenname-5 }     {Datenname-6 }]
[UNTIL    Bedingung-2                                            ]

[AFTER    Datenname-7     FROM  {Literal-5   }  BY {Literal-6   }]
[                               {Datenname-8 }     {Datenname-9 }]
[UNTIL    Bedingung-3                                            ]
```

Da in COBOL Tabellen nur bis zu drei Dimensionen angegeben werden können, ist das Format auf diese Anzahl begrenzt. Unter *Prozedurname-1* wird wie in Abschnitt 4.3.6.5 besprochen diejenige Verarbeitungsform angegeben, wie sie gewünscht wird.

Das oben aufgeführte **Beispiel** (Abb. 29) könnte damit durch folgende Anweisungen gelöst werden.

```
PERFORM LOESCHEN
   VARYING INDEX1 FROM 1 BY 1
   UNTIL INDEX1 > 50.
   .
   .
```

```
LOESCHEN.
    MOVE ZEROES TO ELEMENT (INDEX1).
```

INDEX1 ist ein numerisches Datenelement und sollte in der WORKING-STORAGE SECTION mit COMPUTATIONAL definiert worden sein.
Das Löschen der inAbb. 28 gezeigten dreidimensionalen Tabelle würde folgendermaßen aussehen:

```
PERFORM LOESCHEN
    VARYING KST FROM 1 BY 1
    UNTIL KST > 5
AFTER ABT FROM 1 BY 1
    UNTIL ABT > 3
AFTER PROJ FROM 1 BY 1
    UNTIL PROJ > 2.
    .
    .
    .
LOESCHEN.
    MOVE ZEROES TO SUMME (KST ABT PROJ).
```

4.6.4. Aufgabe 5 (Tabellenverarbeitung)

Es sind genau 100 Lochkarten in den Arbeitsspeicher einer EDV-Anlage einzulesen. Dabei enthält jede Lochkarte in den ersten drei Stellen einen eindeutigen numerischen Wert von ØØ1 bis 1ØØ. Die Eingabe der Lochkarten erfolgt unsortiert, der Ausdruck auf dem Schnelldrucker jedoch nach dieser Numerierung aufsteigend. Das Problem soll anhand einer im Kernspeicher aufzubauenden Tabelle gelöst werden.

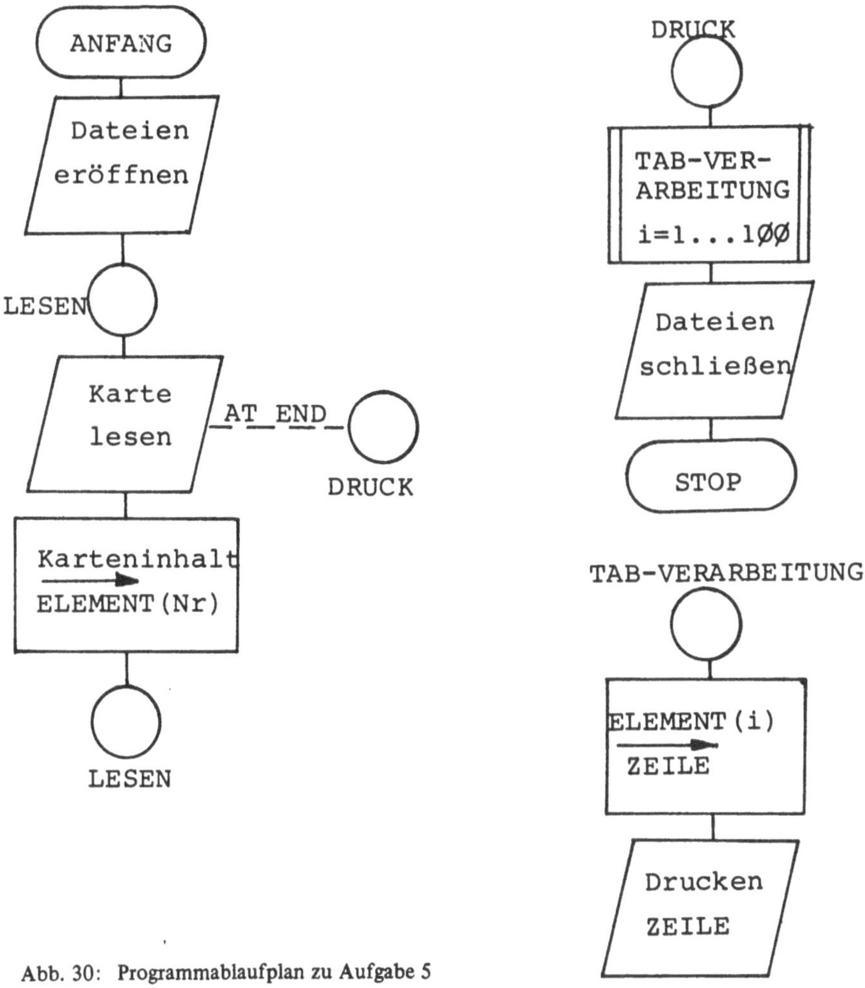

Abb. 30: Programmablaufplan zu Aufgabe 5

Abb. 31: COBOL-Programm der Aufgabe 5.

```
IDENTIFICATION DIVISION.
PROGRAM-ID. 'AUFG-5'.
REMARKS.        TABELLENVERARBEITUNG.

ENVIRONMENT DIVISION.
INPUT-OUTPUT SECTION.
FILE-CONTROL.
    SELECT KARTE ASSIGN TO 'SYS010' UNIT-RECORD LESER-1.
    SELECT LISTE ASSIGN TO 'SYS011' UNIT-RECORD DRUCKER-1.
```

```
001110 DATA DIVISION.
001120 FILE SECTION.
001130 FD  KARTE RECORDING F  LABEL RECORD OMITTED
001140     DATA RECORD E-KARTE.
001160 01  E-KARTE.
001170     02 E-NR           PICTURE  9(3).
001180     02 FILLER         PICTURE  X(77).
001210 FD  LISTE RECORDING F  LABEL RECORD OMITTED
001220     DATA RECORD ZEILE.
001240 01  ZEILE.
001250     02 FILLER         PICTURE X.
001260     02 INHALT         PICTURE X(80).
002010 WORKING-STORAGE SECTION.
002020 77  IND-1             PICTURE S9(3)  COMPUTATIONAL.
002060 01  TABELLE.
002070     02 ANZAHL  OCCURS 100.
002080      03 ELEMENT       PICTURE X(80).

003010 PROCEDURE DIVISION.
003020 ANFANG.
003030     OPEN INPUT KARTE.
003050 LESEN.
003060     READ KARTE   AT END CLOSE KARTE GO TO DRUCK.
003080     MOVE E-KARTE TO ELEMENT (E-NR)  GO TO LESEN.
003100 DRUCK.
003110     OPEN OUTPUT LISTE.
003130     PERFORM TAB-VERARBEITUNG
003140       VARYING IND-1 FROM 1 BY 1  UNTIL IND-1 > 100.
003160     CLOSE LISTE   STOP RUN.
003180 TAB-VERARBEITUNG.
003190     MOVE ELEMENT (IND-1) TO INHALT
003200     WRITE ZEILE.
```

4.7. Übungsaufgaben (sequentielle Verarbeitung)

In den folgenden zwei Übungsaufgaben soll der bisher beschriebene Stoff angewendet werden. Der Leser sollte eine eigene Lösung anstreben und die in Anhang A gezeigten Musterlösungen nur zu Überprüfungszwecken benutzen.
Für jede Aufgabe ist zuerst der entsprechende Programmablaufplan zu erstellen und danach die Programmierung vorzunehmen.

4.7.1. Übung 1 (Bestandsfortschreibung)

In einem Fertigungsbetrieb werden pro Monat die auf einem Bestandsband aufgezeichneten Artikelsätze in der Form modifiziert, daß die dort jeweils angegebene Menge durch Zugänge bzw. Abgänge berichtigt wird. Diese Informationen werden durch Veränderungskarten eingegeben. Alle Sätze werden auf ein neues Bestandsband übernommen. Neuzugänge sind nicht vorgesehen. Zur Überprüfung wird eine Liste aller Artikelsätze ausgegeben.

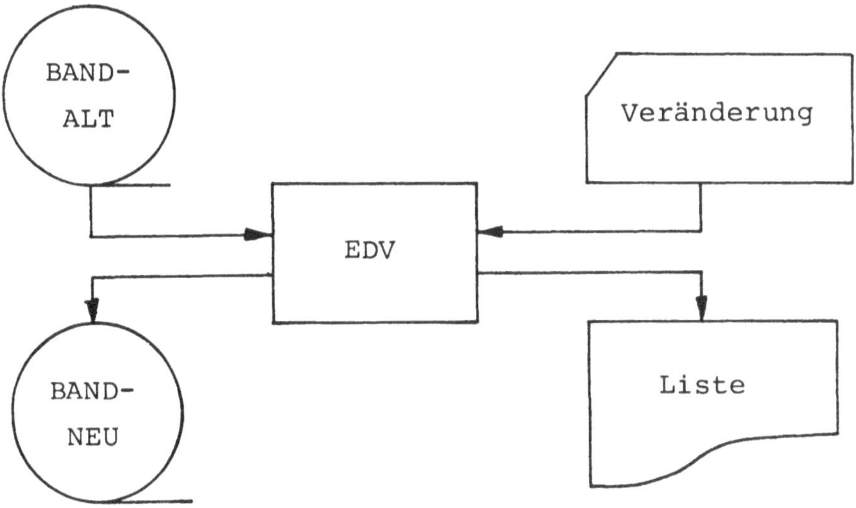

Eingabe:

1. *Altes Bestandsband*

Stelle 1 bis 2 Satzart
Stelle 3 bis 7 Artikelnummer
Stelle 8 bis 22 Artikelbezeichnung
Stelle 23 bis 27 Menge
Stelle 28 bis 32 Einzelpreis

Sortierung nach aufsteigenden Artikelnummern, Blockungsfaktor 2Ø.

2. *Veränderungskarten*

Spalte 1 bis 2 Kartenart
Spalte 3 bis 7 Artikelnummer
Spalte 8 bis 12 Menge
Spalte 13 1 = Zugang
2 = Abgang
Spalte 14 bis 80 frei

Die Veränderungskarten sind ebenfalls nach aufsteigenden Artikelnummern sortiert. Es sind jedoch pro Artikelnummer mehrere Bewegungen möglich.

Ausgabe:

1. *Neues Bestandsband*

Aufteilung, Sortierung und Blockung wie bei Eingabeband.

2. *Liste*

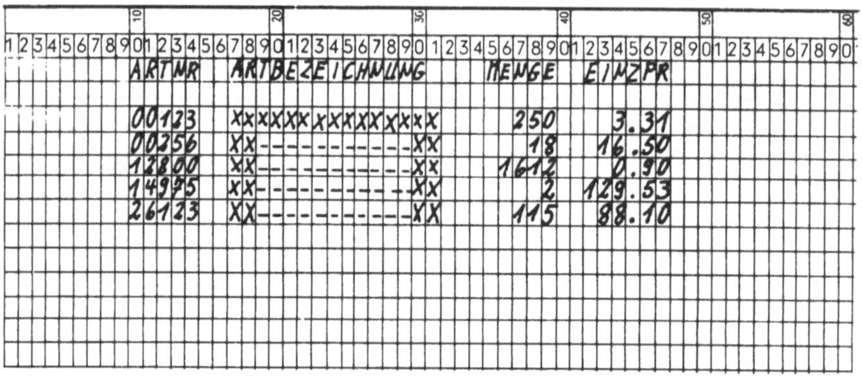

Auf jeder neuen Seite ist die Überschrift neu auszugeben.

4.7.2. Übung 2 (Lohnsteuerberechnung)

Ein Betrieb möchte zur Berechnung des vorläufigen Lohnsteuerausgleiches für seine Arbeitnehmer ein Programm erstellen, welches diese Berechnung vornimmt.

Als Eingabe dienen Lohnkarten (Kartenart 2), auf welchen je Arbeitnehmer die Personalnummer, Steuerklasse, Kinderzahl und der bereits um den in der Lohnsteuerkarte eventuell eingetragenen Freibetrag gekürzte Jahreslohn vermerkt ist. Durch Vorlaufkarten (Kartenart 1) ist eine Tabelle herzustellen, aus welcher der pro Arbeitnehmer einzusetzende Freibetrag entnommen werden kann.

Auszugeben ist eine Liste, die pro Personalnummer jeweils Steuerklasse, Kinderzahl und Lohnsteuer enthält.

Eingabe:

1. *Vorlaufkarten* für Freibetragstabelle (6 Steuerklassen und bis 9 Kinder, d. h. 60 Karten!)

Spalte 1 bis 5	Freibetrag in vollen DM
Spalte 6	Steuerklasse 1...6
Spalte 7	Kinderzahl ∅...9
Spalte 8 bis 79	frei
Spalte 8∅	Kartenart (hier 1)

Freibetragstabelle

Klasse	Kinder						
	0	1	2	3	4	5	f. jedes weitere
I	1 740	-	-	-	-	-	-
II	2 580	4 140	5 820	7 620	9 420	11 220	1 800
III	1 740	2 940	4 620	6 420	8 220	10 020	1 800
IV	60	660	1 500	2 400	3 300	4 200	900
V	- 1 620	-	-	-	-	-	-
VI	- 3 360	-	-	-	-	-	-

Negative Salden sind Hinzurechnungen

2. *Lohnkarten*

Spalte 1 bis 5	Personalnummer
Spalte 6	Steuerklasse
Spalte 7	Kinderzahl
Spalte 8 bis 15	Jahreslohn
Spalte 16 bis 79	frei
Spalte 8∅	Kartenart (hier 2)

Ausgabe:

Liste

PERS.-NR.	KL.	Ki.	JAHRESLOHN	LOHNST.
12345	1	C	3 440.00	0
12346	2	1	12 100.00	1 191
12347	3	2	60 000.00	14 310
12348	4	3	150 000.00	56 920
12349	5	0	200 000.00	89 082
12350	6	C	250 000.00	11 696
12351	5	0	180 000.00	76 380
12352	4	5	140 000.00	51 030
12353	3	6	60 000.00	111 786
12354	2	7	21 350.00	917
12355	1	C	1 900.00	0
12356	2	8	22 000.00	701
12357	3	9	57 000.00	8 570

Die Verarbeitung ist wie folgt vorzunehmen:

1. Jahreslohn in Einkommensbetrag umrechnen, d. h.
   Einkommensbetrag = Jahreslohn – Tabellenfreibetrag.
2. Einkommensbetrag in den Steuerklassen III, IV, V und VI halbieren (splittern!) und auf volle DM nach unten abrunden.
3. Einkommensbeträge bis einschließlich DM 48.000.– auf volle DM 30.–, höhere Beträge auf volle DM 60.– nach unten abrunden. Dieser abgerundete Betrag geht als X in die nachstehenden Berechnungsformeln ein. EST ist die gesuchte Lohnsteuer, welche jedoch in den Steuerklassen III, IV, V und VI (Splitting) wieder verdoppelt werden muß.

a) $X < 1710$ $\quad EST = \emptyset$

b) $1\,710 \leqslant X < 8010$ $\quad EST = 0{,}19X - 319{,}2\emptyset$

c) $8\,010 \leqslant X < 30000$ $\quad EST = -0{,}086Y^3 + 7{,}764Y^2 + 190Y + 1201$

$$\text{mit } Y = \frac{X - 8000}{1000}$$

d) $30\,000 \leqslant X < 78000$ $\quad EST = -0{,}012Y^3 + 1{,}82Y^2 + 407Y + 8223$

$$\text{mit } Y = \frac{X - 30000}{1000}$$

e) $78\,000 \leqslant X < 110040$ $\quad EST = -0{,}006Y^3 + 1{,}572Y^2 + 382Y + 6358$

$$\text{mit } Y = \frac{X - 24000}{1000}$$

f) $110\,040 \leqslant X$ $\quad EST = 0{,}53X - 11281$

5. Programmierung in COBOL (Indexsequentieller Teil)

Wir haben uns bis zu diesem Abschnitt mit den gebräuchlichsten Anwendungen und Befehlen von COBOL befaßt und diese in mehreren Beispielen in ihrer Anwendung gezeigt. Dabei ist den meisten Lesern bestimmt aufgefallen, daß die Verarbeitung von Dateien, welche auf einem Magnetband gespeichert sind, sehr umständlich sein kann. Voraussetzung für eine solche (sequentielle) Verarbeitung ist einmal die gleiche Sortierung der Sätze auf allen in die Verarbeitung eingehenden Speichermedien (siehe Aufgabe 4); außerdem muß für die Ausgabe eines nur geänderten Bestandes ein neues Band herangezogen werden.
Als darum vor einigen Jahren (etwa ab 1964) *Speichermedien* mit schnellen *direkten Zugriffen* zu den einzelnen Sätzen einer Datei geschaffen wurden (Magnetplatte, Magnetkartenspeicher), wurde diese Verarbeitungsform auch im COBOL aufgenommen. Die gebräuchlichste dieser Methoden ist diejenige der *indexsequentiellen Dateibehandlung,* welche im folgenden beschrieben wird.

5.1. Indexsequentielle Dateibehandlung (Index-Methode)

Vorteil dieser Methode ist es, einen bestimmten Satz innerhalb einer Datei durch Angabe eines *Satzschlüssels* direkt aufzufinden, ohne vorher alle bis zu dieser Stelle abgespeicherten Sätze zu lesen, und auf dieses Kriterium hin abzufragen. Das Aufsuchen des durch den Schlüssel angegebenen Satzes erfolgt über sogenannte Zylinder- und Spurverzeichnisse, welche den Positionierungsarm des Speichers an diejenige physikalische Adresse leiten, wo der Satz zu finden ist.
Alle diese internen Besonderheiten sind jedoch für den COBOL-Programmierer weitgehend unbedeutend. Er muß sich an die in der COBOL-Sprache dafür gegebenen Formate und Anwendungen halten, welche hauptsächlich nur in die Klauseln der ENVIRONMENT DIVISION und in die PROCEDURE DIVISION eingehen. Die Logik der Programmierung sowie die Anwendung des bisher gezeigten COBOL-Stoffes ändert sich nicht.

5.1.1. Erstellen einer Index-Datei

Bevor mit einer Index-Datei gearbeitet werden kann, muß diese aus einem nach dem *Satzschlüssel* (RECORD KEY) *aufsteigend sortierten Bestand* erstellt

werden. Diese Erstellung erfolgt in der Regel nur einmal; wenn sich jedoch zu viele Verschiebungen (Neuzugänge, Löschungen) auf der Datei ergeben haben, wird man sie reorganisieren, d. h. die Datei ohne Lücken in der Sortierung neu auf einen solchen Speicher übernehmen.
Beim Erstellen einer Index-Datei sind in der INPUT-OUTPUT SECTION für jede dieser Dateien folgende Eintragungen notwendig:

SELECT *Dateiname* ASSIGN TO ... DIRECT-ACCESS...
    ORGANIZATION IS INDEXED
    [ACCESS IS SEQUENTIAL]
    RESERVE NO
    RECORD KEY IS *Datenname.*

Datenname ist der Name desjenigen Feldes innerhalb des *Datensatzes* das den Ordnungsbegriff (Schlüssel) enthält.

In der PROCEDURE DIVISION sind folgende Anweisungen zu geben:

OPEN INPUT *Dateiname.*

.
.
.

WRITE *Satzname* [INVALID KEY *unbedingte Anweisung...*]

.
.
.

CLOSE *Dateiname.*

Vor dem Schreiben des Satzes muß der *Datenname,* welcher als RECORD KEY verwendet wird, den jeweils aktuellen Schlüssel enthalten. Die auf INVALID KEY folgenden Befehle werden ausgeführt, wenn die Sortierfolge nicht mehr aufsteigend ist oder aber ein Satz (Schlüssel) doppelt vorkommt.

5.1.2. Sequentielle Verarbeitung einer Index-Datei

Natürlich kann ein indexsequentiell organisierter Datenbestand auch sequentiell verarbeitet werden. Ein Vorteil gegenüber der sequentiellen Bandverarbeitung ist die Möglichkeit, einen gelesenen Satz zu verändern und an dieselbe Stelle zurückzuschreiben. Dabei ist allerdings zu beachten, daß nur der logische Inhalt, außer dem Schlüssel, nicht aber die Länge des Satzes verändert werden darf.

Spezifikation in der INPUT-OUTPUT SECTION:

SELECT *Dateiname* ASSIGN TO ... DIRECT-ACCESS...
ORGANIZATION IS INDEXED
[ACCESS IS SEQUENTIAL]
RESERVE NO
RECORD KEY IS *Datenname-1*
[SYMBOLIC KEY IS *Datenname-2*].

Datenname-1 ist ein Feld innerhalb des Datensatzes, welches den Ordnungsbegriff (Schlüssel) enthält.
Datenname-2 ist in der WORKING-STORAGE SECTION definiert und enthält den Schlüssel des ersten zu verarbeitenden Satzes. Wenn diese Eintragung fehlt, beginnt die Verarbeitung mit dem ersten Satz der Datei.

Anweisungen in der PROCEDURE DIVISION:

a) für das **Lesen** der Datei

OPEN INPUT *Dateiname*
.
.
.
READ *Dateiname* AT END ...
.
.
.
CLOSE *Dateiname*

b) für das **Lesen und Zurückschreiben**

OPEN I-O *Dateiname*
.
.
.
READ *Dateiname* AT END ...
.
.
.
REWRITE *Satzname*
.

CLOSE *Dateiname*

5.1.3. Wahlfreie Verarbeitung einer Index-Datei

Spezifikation in der INPUT-OUTPUT SECTION:

```
SELECT Dateiname ASSIGN TO ... DIRECT-ACCESS...
       ORGANIZATION IS INDEXED
       ACCESS IS RANDOM
       RESERVE NO
       RECORD KEY IS Datenname-1
       SYMBOLIC KEY IS Datenname-2.
```

Datenname-1 ist das in der Datensatzerklärung definierte Feld, welches den Schlüssel des Satzes enthält.
Datenname-2 ist ein Feld, definiert in der WORKING-STORAGE SECTION, in welchem der Schlüssel des gesuchten Satzes bereitgestellt wird. Dieser Schlüssel muß jeweils vor dem Lesen des Satzes den aktuellen Suchwert enthalten.

Anweisungen in der PROCEDURE DIVISION:

a) für **wahlfreies Lesen**

```
OPEN INPUT Dateiname
  .
  .
  .
READ Dateiname [INVALID KEY unbedingte Anweisung...]
  .
  .
  .
CLOSE Dateiname
```

b) für **wahlfreies Lesen und Zurückschreiben**

```
OPEN I-O Dateiname
  .
```

READ *Dateiname* [INVALID KEY *unbedingte Anweisung...*]

.

.

.

REWRITE *Satzname*

.

.

.

CLOSE *Dateiname*

c) für das **Einfügen von Neuzugängen**

OPEN I-O *Dateiname*

.

.

.

WRITE *Satzname* [INVALID KEY *unbedingte Anweisung...*]

.

.

.

CLOSE *Dateiname*

Die auf INVALID KEY folgenden Befehle werden nur ausgeführt, wenn ein Satz nicht gefunden wurde bzw. wenn bei Neuzugängen ein Satz mit gleichem Schlüssel schon vorhanden ist.

5.2. Aufgabe 6 (Erstellen einer Index-Datei)

Mit dieser Aufgabe wollen wir eine Datei nach der Index-Methode erstellen. Als Eingabe dient das aus Aufgabe 4 entnommene Kundenband mit der dort festgelegten Einteilung und Sortierung nach aufsteigenden Kundennummern. Die neue Datei soll auf einen Plattenspeicher übernommen werden, wobei als RECORD KEY das Feld *Kundenummer* gelten soll. Auf der Platte sollen jeweils 25 Sätze zu einem Block zusammengefaßt werden. Bei falscher Sortierung bzw. doppelten Sätzen soll eine Meldung auf dem Schnelldrucker ausgegeben werden.

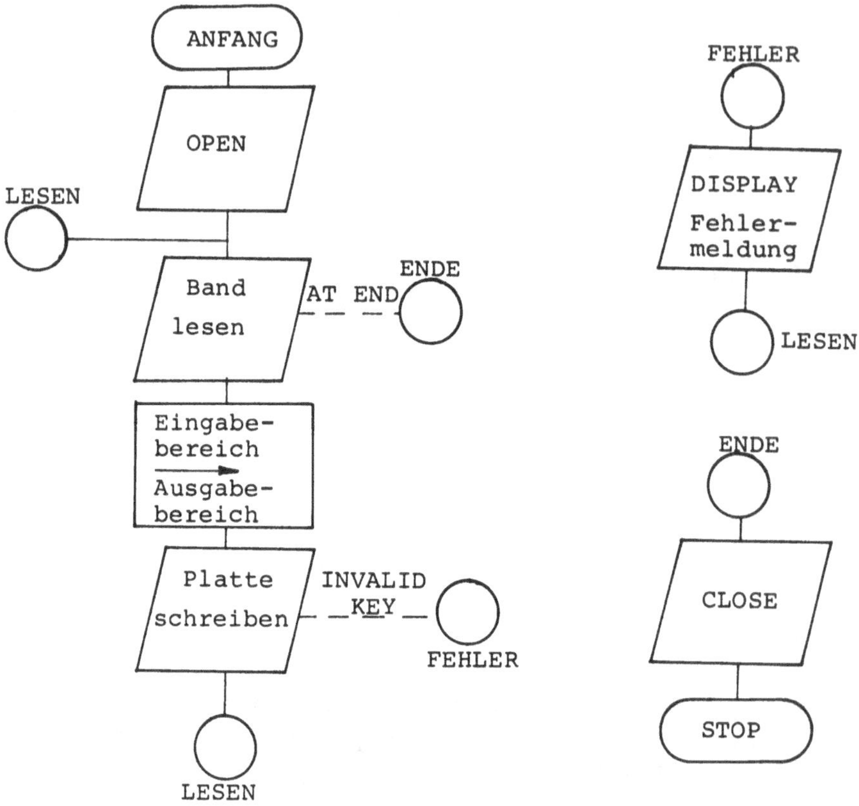

Abb. 32: **Programmablaufplan zu Aufgabe 6**

Abb. 33: COBOL-Programm der Aufgabe 6

```
IDENTIFICATION DIVISION.
PROGRAM-ID.   'AUFG-6'.
REMARKS.          ERSTELLEN EINER PLATTEN-DATEI
                  NACH DER INDEX-METHODE.

ENVIRONMENT DIVISION.
INPUT-OUTPUT SECTION.
FILE-CONTROL.
    SELECT BAND   ASSIGN TO 'SYS010'  UTILITY   BAND-1.
    SELECT PLATTE ASSIGN TO 'SYS011'  DIRECT-ACCESS PLATTE-1
        ORGANIZATION INDEXED
        ACCESS SEQUENTIAL
        RESERVE NO
        RECORD KEY  KDN-NR.

DATA DIVISION.
FILE SECTION.
FD  BAND RECORDING F   LABEL RECORD STANDARD
```

```
           BLOCK 10 RECORDS DATA RECORD BAND-SATZ.
       01  BAND-SATZ.
           02 B-KDN-NR            PICTURE X(5).
           02 FILLER              PICTURE X(65).
       FD  PLATTE RECORDING F LABEL RECORD STANDARD
           BLOCK 25 RECORDS DATA RECORD PLATTE-SATZ.
       01  PLATTE-SATZ.
           02 KDN-NR              PICTURE X(5).
           02 FILLER              PICTURE X(65).

       PROCEDURE DIVISION.
       ANFANG.
           OPEN INPUT BAND  OUTPUT PLATTE.
       LESEN.
           READ BAND AT END GO TO ENDE.
           MOVE BAND-SATZ TO PLATTE-SATZ.
           WRITE PLATTE-SATZ  INVALID KEY GO TO FEHLER.
           GO TO LESEN.
       FEHLER.
           DISPLAY 'FALSCHE SORTIERFOLGE ODER DOPPELTER SATZ BEI KUNDENN
      -'UMMER ' B-KDN-NR.
           GO TO LESEN.
       ENDE.
           CLOSE BAND PLATTE  STOP RUN.
```

5.3. Aufgabe 7 (Rechnungsschreibung mit indexsequentieller Verarbeitung)

Nachdem mit Aufgabe 6 die Kundendatei der Aufgabe 4 nach der Index-Methode auf eine Platte übernommen wurde, wollen wir nun die Aufgabenstellung von Aufgabe 4 dazu benutzen, die Verarbeitung nach dieser Methode durchzuführen. Die neu erstellte Datei mit dem Namen PLATTE dient uns dabei sowohl als Eingabe als auch als Ausgabe. Die Eingabe der Lochkarten muß hier nicht mehr nach Kundennummern sortiert erfolgen. Es ist jedoch zu beachten, daß die Ausgabe der Rechnungen nach der Sortierung dieser Lochkarten vorgenommen wird.

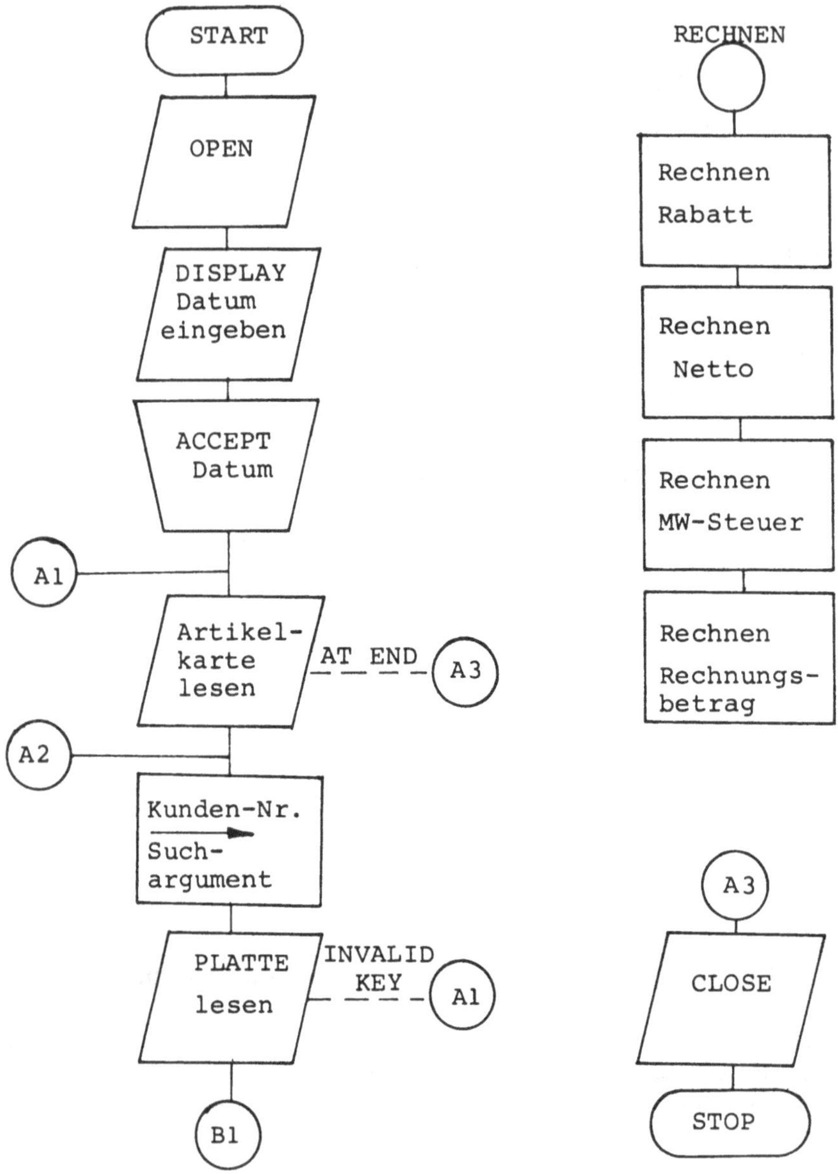
START
OPEN
DISPLAY Datum eingeben
ACCEPT Datum
A1
Artikel-karte lesen
AT END
A3
A2
Kunden-Nr.
Such-argument
PLATTE lesen
INVALID KEY
A1
B1
RECHNEN
Rechnen Rabatt
Rechnen Netto
Rechnen MW-Steuer
Rechnen Rechnungs-betrag
A3
CLOSE
STOP

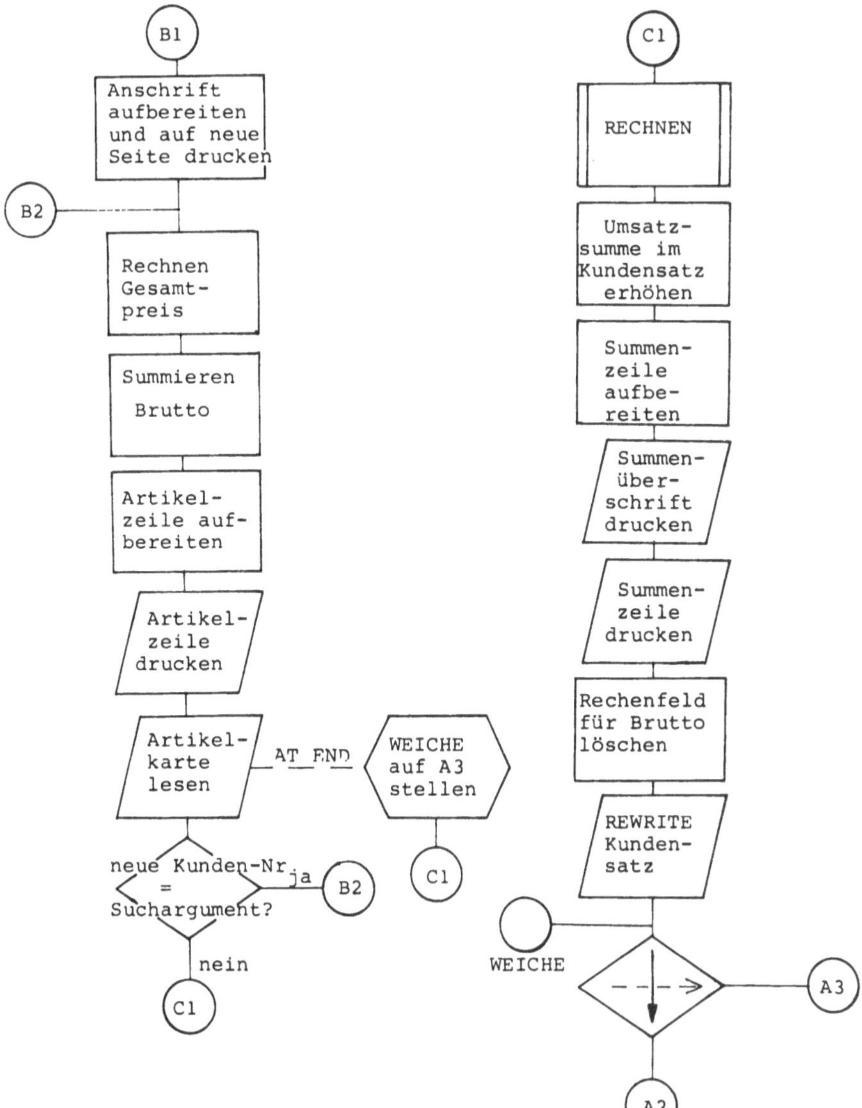

Abb. 34: Programmablaufplan zu Aufgabe 7

Abb. 35: COBOL-Programm der Aufgabe 7.

```
IDENTIFICATION DIVISION.
PROGRAM-ID.  'AUFG-7'.
REMARKS.     PROGRAMM VON AUFG-4, JEDOCH MIT INDEX-METHODE.

ENVIRONMENT DIVISION.
INPUT-OUTPUT SECTION.
FILE-CONTROL.
      SELECT KARTE  ASSIGN TO 'SYS010' UNIT-RECORD LESER-1.
      SELECT LISTE  ASSIGN TO 'SYS011' UNIT-RECORD DRUCKER-1.
      SELECT PLATTE ASSIGN TO 'SYS012' DIRECT-ACCESS PLATTE-1
          ORGANIZATION INDEXED
          ACCESS RANDOM
          RESERVE NO
          RECORD KEY KDN-NR
          SYMBOLIC KEY SUCHARGUMENT.

DATA DIVISION.
FILE SECTION.
FD  KARTE RECORDING F  LABEL RECORD OMITTED
    DATA RECORD ARTIKEL-KARTE.
01  ARTIKEL-KARTE.
   05 E-KDN-NR             PICTURE X(5).
   05 E-ART-NR             PICTURE X(5).
   05 E-ART-BEZ            PICTURE X(15).
   05 E-MENGE              PICTURE 9(4).
   05 E-EINZ-PREIS         PICTURE 9(3)V99.
FD  LISTE RECORDING F  LABEL RECORD OMITTED
    DATA RECORD ZEILE.
01  ZEILE.
   05 INHALT               PICTURE X(70).
FD  PLATTE RECORDING F  LABEL RECORD STANDARD
    BLOCK 25 RECORDS    DATA RECORD PLATTE-SATZ.
01  PLATTE-SATZ.
   05 KDN-NR               PICTURE X(5).
   05 NAME                 PICTURE X(20).
   05 PLZ                  PICTURE X(4).
   05 ORT                  PICTURE X(14).
   05 STRASSE              PICTURE X(17).
   05 RABATT               PICTURE 9(2).
   05 UMSATZ               PICTURE 9(6)V99.
WORKING-STORAGE SECTION.
77  SUCHARGUMENT           PICTURE X(5).
77  BRUTTO-BETRAG          PICTURE 9(5)V99      VALUE ZERO.
77  NETTO-BETRAG           PICTURE 9(5)V99      VALUE ZERO.
77  RECHNUNGSBETRAG        PICTURE 9(5)V99      VALUE ZERO.
77  RABATT-BETRAG          PICTURE 9(5)V99      VALUE ZERO.
77  MEHRWERTSTEUER         PICTURE 9(4)V99      VALUE ZERO.
01  NAMENSZEILE.
   05 FILLER               PICTURE X(10)  VALUE SPACES.
   05 Z-NAME               PICTURE X(20).
01  ORTSZEILE.
   05 FILLER               PICTURE X(5)   VALUE SPACES.
   05 POSTL-ZAHL           PICTURE X(4).
   05 FILLER               PICTURE X      VALUE SPACES.
   05 Z-ORT                PICTURE X(14).
01  STRASSENZEILE.
   05 FILLER               PICTURE X(10)  VALUE SPACES.
   05 Z-STRASSE            PICTURE X(17).
01  DATUMSZEILE.
```

```
    05 FILLER              PICTURE X(47)   VALUE SPACES.
    05 FILLER              PICTURE X(15)   VALUE 'MUENCHEN, DEN  '.
    05 DATUM               PICTURE X(8).
01  ARTIKELZEILE.
    05 FILLER              PICTURE X(10)   VALUE SPACES.
    05 Z-ART-NR            PICTURE X(5).
    05 FILLER              PICTURE X(4)    VALUE SPACES.
    05 Z-ART-BEZ           PICTURE X(15).
    05 FILLER              PICTURE X(6)    VALUE SPACES.
    05 Z-MENGE             PICTURE ZZZ9.
    05 FILLER              PICTURE X(4)    VALUE SPACES.
    05 Z-EINZ-PREIS        PICTURE ZZ9.99.
    05 FILLER              PICTURE X(4)    VALUE SPACES.
    05 Z-GESAMT-PREIS      PICTURE ZZBZZ9.99.
01  SUMMENUEBERSCHRIFT.
    05 FILLER              PICTURE X(9)    VALUE SPACES.
    05 FILLER              PICTURE X(6)    VALUE 'BRUTTO'.
    05 FILLER              PICTURE X(5)    VALUE SPACES.
    05 FILLER              PICTURE X(6)    VALUE 'RABATT'.
    05 FILLER              PICTURE X(8)    VALUE SPACES.
    05 FILLER              PICTURE X(5)    VALUE 'NETTO'.
    05 FILLER              PICTURE X(6)    VALUE SPACES.
    05 FILLER              PICTURE X(5)    VALUE 'MWST.'.
    05 FILLER              PICTURE X(3)    VALUE SPACES.
    05 FILLER              PICTURE X(15)   VALUE 'RECHNUNGSBETRAG'.
01  SUMMENZEILE.
    05 FILLER              PICTURE X(7)    VALUE SPACES.
    05 BRUTTO-FELD         PICTURE ZZBZZ9.99B.
    05 RABATT-FELD         PICTURE BBZZZBZZ9.99B.
    05 NETTO-FELD          PICTURE BBZZBZZ9.99B.
    05 MWST-FELD           PICTURE BBZBZZ9.99.
    05 FILLER              PICTURE X(5)    VALUE SPACES.
    05 RECHN-FELD          PICTURE ZZBZZ9.99.

PROCEDURE DIVISION.
START.
        OPEN INPUT KARTE  OUTPUT LISTE  I-O PLATTE.
        DISPLAY 'GIB DATUM TT.MM.JJ' UPON CONSOLE
        ACCEPT DATUM FROM CONSOLE.
    A1. READ KARTE AT END GO TO A3.
    A2. MOVE E-KDN-NR TO SUCHARGUMENT.
        READ PLATTE INVALID KEY GO TO A1.
        GO TO B1.
    A3. CLOSE KARTE LISTE PLATTE STOP RUN.
    B1. MOVE SPACES TO INHALT.
        WRITE ZEILE AFTER 0.
        MOVE NAME TO Z-NAME.
        MOVE PLZ  TO POSTL-ZAHL.
        MOVE ORT  TO Z-ORT.
        MOVE STRASSE TO Z-STRASSE.
        WRITE ZEILE FROM NAMENSZEILE AFTER 3.
        WRITE ZEILE FROM ORTSZEILE   AFTER 2.
        WRITE ZEILE FROM STRASSENZEILE AFTER 2.
        WRITE ZEILE FROM DATUMSZEILE   AFTER 3.
        MOVE SPACES TO INHALT.
        WRITE ZEILE AFTER 3.
    B2. COMPUTE Z-GESAMT-PREIS = E-MENGE * E-EINZ-PREIS.
        COMPUTE BRUTTO-BETRAG  = BRUTTO-BETRAG
                       + E-MENGE * E-EINZ-PREIS.
        MOVE E-ART-NR TO Z-ART-NR
```

```
           MOVE E-ART-BEZ TO Z-ART-BEZ
           MOVE E-MENGE TO Z-MENGE
           MOVE E-EINZ-PREIS TO Z-EINZ-PREIS
           WRITE ZEILE FROM ARTIKELZEILE AFTER 1.
           READ KARTE AT END
               ALTER WEICHE TO PROCEED TO A3
               GO TO C1.
           IF E-KDN-NR = SUCHARGUMENT GO TO B2
               ELSE GO TO C1.
       C1. PERFORM RECHNEN.
           ADD RECHNUNGSBETRAG  TO UMSATZ.
           MOVE BRUTTO-BETRAG    TO RABATT-FELD.
           MOVE NETTO-BETRAG     TO NETTO-FELD.
           MOVE MEHRWERTSTEUER   TO MWST-FELD.
           MOVE RECHNUNGSBETRAG  TO RECHN-FELD.
           WRITE ZEILE FROM SUMMENUEBERSCHRIFT AFTER 3.
           WRITE ZEILE FROM SUMMENZEILE        AFTER 1.
           MOVE ZEROES TO BRUTTO-BETRAG.
           REWRITE PLATTE-SATZ.
       WEICHE. GO TO A2.
       RECHNEN.
           COMPUTE RABATT-BETRAG = BRUTTO-BETRAG *   RABATT / 100.
           COMPUTE NETTO-BETRAG  = BRUTTO-BETRAG - RABATT-BETRAG.
           COMPUTE MEHRWERTSTEUER ROUNDED = NETTO-BETRAG / 100 * 11.
           COMPUTE RECHNUNGSBETRAG = NETTO-BETRAG + MEHRWERTSTEUER.
```

5.4. Übungsaufgaben (indexsequentielle Verarbeitung)

Die Lösungen dieser Aufgaben sind in Anhang A beschrieben.

5.4.1. Übung 3 (Änderungsdienst)

Eine indexsequentiell organisierte Kundendatei soll auf den neuesten Stand gebracht werden. Es können Anschriftenänderungen, Neuzugänge und Abgänge auftreten. Bei Abgängen ist ein dafür vorgesehenes Kennzeichen des entsprechenden Satzes mit der Konstante HIGH-VALUE zu füllen. Alle Änderungen werden mit Lochkarten unsortiert eingegeben.

Kundensatz (5 Sätze sind zu einem Block zusammengefaßt.)

Stelle 1	Kennzeichen für Abgänge
Stelle 2 bis 6	Kundennummer (Schlüssel)
Stelle 7 bis 56	Anschrift
Stelle 57 bis 1ØØ	sonstige Angaben

Änderungskarte

Spalte 1	Kartenart:	1 = Anschriftänderung 2 = Abgang 3 = Neuzugang
Spalte 2 bis 6	Kundennummer	
Spalte 7 bis 56	Anschrift	
Spalte 57 bis 80	leer	

Wenn ein gesuchter Satz auf der Platte nicht gefunden wurde, soll eine entsprechende Meldung über die Console ausgegeben werden. Dasselbe gilt, wenn bei Neuzugängen der Satz bereits vorhanden sein sollte.

5.4.2. Übung 4 (Reorganisieren einer Index-Datei)

In Übung 3 wurden alle Abgänge in der Kundendatei mit dem Wert HIGH-VALUE gekennzeichnet. Sie sollen nun aus der Datei entfernt werden. Zu diesem Zweck ist diese sequentiell zu verarbeiten, wobei nur die nicht gekennzeichneten Sätze in die neue Datei übernommen werden.

6. Unterprogramme

Wenn größere und umfassendere Probleme in COBOL programmiert werden sollen, speziell aber auch dann, wenn ein solches Problem von mehreren Programmierern gleichzeitig erstellt werden soll, ist es sinnvoll, dieses in mehrere unabhängige Teile aufzugliedern. Das hat den Vorteil, daß jeder Programmierer, bis auf kleine Einschränkungen, sein Teilstück vollkommen selbständig erstellen und austesten kann. Für den zusammenhängenden Ablauf ist lediglich ein übergeordnetes Programm (*Hauptprogramm*) zu erstellen, welches nacheinander dann diese verschiedenen Teilstücke (*Unterprogramme*) aufruft und abarbeitet. Da hierbei meist Daten von einem Programm an ein anderes übergehen bzw. zurückgefordert werden, muß am Beginn einer solchen Programmerstellung klar definiert sein, was jedes Unterprogramm leisten und mit welchen Daten aus dem Hauptprogramm es versorgt werden soll.

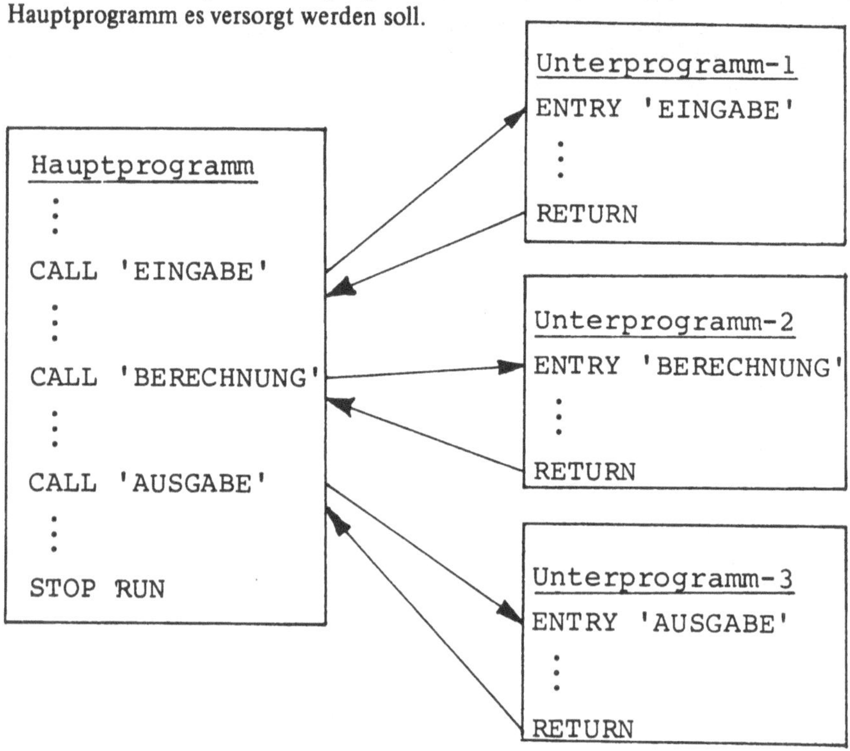

Abb. 36: Schema eines in selbständige Unterprogramme aufgeteilten Gesamtprogramms

6.1. ENTER-Befehlswort

Für den Aufruf eines Unterprogramms benötigt man im **aufrufenden Programm** folgendes

Format-1:

ENTER LINKAGE.
CALL *'Einsprungname'* [USING *Parameter-1 Parameter-2...*].
ENTER COBOL.

Einsprungname ist der *Name des Unterprogramms,* wie er im folgenden Format-2 für das Unterprogramm vergeben wurde. Er kann, muß aber nicht, mit dem in der PROGRAM-ID vergebenen Namen übereinstimmen.
Die hinter USING angegebenen Parameter sind Datenfelder, welche an das Unterprogramm übergeben werden sollen bzw. welche die Ergebnisse des Unterprogramms nach der Rückkehr in das Hauptprogramm enthalten. Dabei sind die Parameter mit denjenigen Namen anzugeben, wie sie in der DATA DIVISION des aufrufenden Programms definiert wurden.
Im **aufgerufenen Programm** (Unterprogramm) verwendet man in COBOL folgendes

Format-2:

ENTER LINKAGE.
ENTRY *'Einsprungname'* [USING *Parameter-1 Parameter-2...*].
ENTER COBOL.

.
.
.

Anweisungen des Unterprogramms

.
.
.

ENTER LINKAGE.
RETURN.
ENTER COBOL.

Einsprungname ist ein *externer Name,* welcher die Einsprungstelle (Startadresse) des Unterprogramms angibt. Beim Aufruf eines Unterprogramms (Format-1) muß dieser Name, nicht derjenige unter PROGRAM-ID, verwendet werden.
Alle Übergabe-Parameter, welche im *Unterprogramm* verwendet werden, müssen in diesem in der LINKAGE SECTION definiert werden. Dabei können vollkommen andere Namen als diejenigen im Aufrufprogramm gewählt werden; die Datenerklärungen dieser paarweise gegenübergestellten Datennamen müssen jedoch identisch sein. Die Zuordnung der zu übergebenden Parameter erfolgt nach der *Stellung* innerhalb der beiden Parameterlisten.

Beispiel:

Hauptprogramm

```
PROCEDURE DIVISION.
    .
    .
    .
    ENTER LINKAGE.
    CALL 'RECHNUNG' USING X, Y, Z.
    ENTER COBOL.
    .
    .
    .
```

Unterprogramm

```
PROCEDURE DIVISION.
    ENTER LINKAGE.
    ENTRY 'RECHNUNG' USING WERT1, WERT2, WERT3.
    ENTER COBOL.
    .
    .
    .
```

Erklärung

Der Wert X aus dem Hauptprogramm wird an das Unterprogramm übergeben und ist dort unter dem Namen WERT1 zu verwenden. Entsprechend wird Y dem Parameter WERT2 und Z dem Parameter WERT3 zugeordnet. Bei Rückkehr in das Hauptprogramm werden die im Unterprogramm errechneten Werte WERT1, WERT2 und WERT3 entsprechend wieder zurückgegeben und können im Hauptprogramm unter den Datennamen X, Y und Z weiter verarbeitet werden.

Alle im Unterprogramm benutzten Übergabeparameter (hier WERT1, WERT2 und WERT3) müssen in der LINKAGE SECTION der DATA DIVISION des entsprechenden Unterprogramms definiert sein, wobei die Datenerklärungen mit denjenigen aus dem Hauptprogramm übereinstimmen müssen.

6.2. LINKAGE SECTION

Die LINKAGE SECTION ist Bestandteil der in einem Unterprogramm verwendeten DATA DIVISION und muß alle diejenigen Datenbereiche enthalten, welche in Form von Übergabeparametern in der ENTRY-Anweisung aufgeführt sind. Es gelten die Regeln der WORKING-STORAGE SECTION (siehe Abschnitt 3.3.6) mit der Ausnahme, daß hier nur die Stufennummern Ø1 bis 49 und 77 erlaubt sind.

Beispiel:

Hauptprogramm

```
    DATA DIVISION.
    FILE SECTION.
        .
        .
        .
        .
        .
        .
     Ø1 X.
        Ø2  X1          PICTURE S9(5).
        Ø2  X2          PICTURE S9(6)V99.
            .
            .
            .
    WORKING-STORAGE SECTION.
     77  Y              PICTURE 9(3).
     77  Z              PICTURE X(5).
```

Unterprogramm

```
    DATA DIVISION.
    FILE SECTION.
```

```
WORKING-STORAGE SECTION.
      .
      .
      .
LINKAGE SECTION.
   77  WERT2           PICTURE 9(3).
   77  WERT3           PICTURE X(5).
   Ø1  WERT1.
     Ø2  W1            PICTURE S9(5).
     Ø2  W2            PICTURE S9(6)V99.
```

6.3. Programmierung von Unterprogrammen

Ein *Unterprogramm* ist eine vollkommen selbständige Einheit und besteht wie jedes andere COBOL-Programm aus den vier Hauptteilen

IDENTIFICATION DIVISION
ENVIRONMENT DIVISION
DATA DIVISION
PROCEDURE DIVISION

Bei der Erstellung eines Unterprogramms wird genauso vorgegangen wie bei der Programmierung eines „einzelnen" abgeschlossenen Programms, wie wir es bisher praktiziert haben. In einem Unterprogramm wird jedoch zusätzlich die LINKAGE SECTION benötigt und in der PROCEDURE DIVISION muß ein *Einsprungpunkt* definiert werden. Dies erfolgt durch Angabe von Format-2 der ENTER-Anweisung am Anfang dieser Division. Das Unterprogramm wird nicht wie sonst mit STOP RUN sondern mit RETURN abgeschlossen, wobei dieses Wort wie in Format-2 gezeigt, durch zwei weitere Anweisungen eingeschlossen wird.

6.3.1. Aufgabe 8 (Längenberechnung mit Unterprogramm)

Um zu zeigen, daß mit COBOL auch kleinere mathematische Probleme gelöst werden können, wollen wir nun eine Aufgabe lösen, welche folgendes beinhaltet: Pro Lochkarte werden die Koordinaten (Angabe in mm) zweier Punkte eingelesen. Das Programm soll die direkte Entfernung zwischen diesen beiden Punkten berechnen und diese Länge mit den Koordinatenangaben auf dem Drucker ausgeben.

Das Einlesen der Lochkarten sowie das Ausdrucken der Ergebnisse soll von einem „Hauptprogramm“ übernommen werden, die Längenberechnung durch ein Unterprogramm.

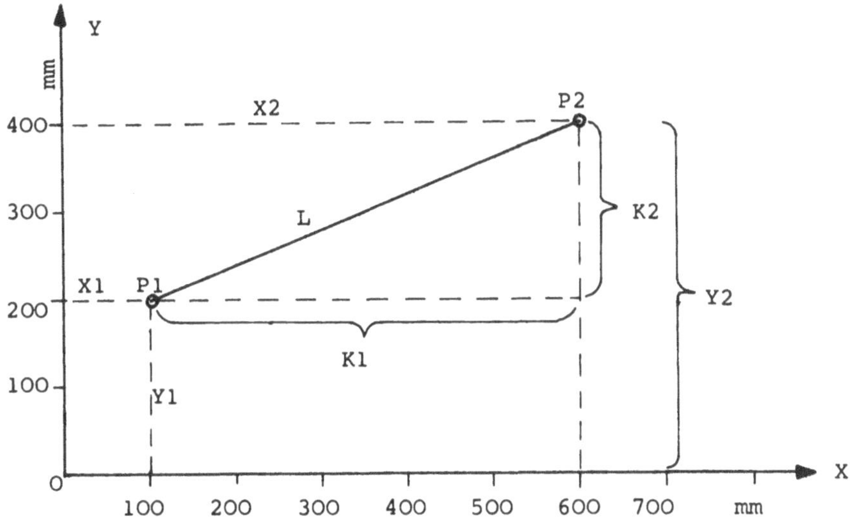

Eingabe (Lochkarten)

Spalte 1 bis 6	X-Wert für P1
Spalte 7	Komma
Spalte 8 bis 13	Y-Wert für P1
Spalte 14	Semikolon
Spalte 15 bis 20	X-Wert für P2
Spalte 21	Komma
Spalte 22 bis 27	Y-Wert für P2

Ausgabe (Drucker)

Spalte 1 bis 9	leer
Spalte 1∅ bis 15	X-Wert für P1
Spalte 16 bis 17	leer
Spalte 18 bis 23	Y-Wert für P1
Spalte 24 bis 27	leer
Spalte 28 bis 33	X-Wert für P2
Spalte 34 bis 35	leer

Spalte 36 bis 41	Y-Wert für P2
Spalte 42 bis 46	leer
Spalte 47 bis 52	Länge

Jede Zeile soll mit einer Zwischenzeile ausgedruckt werden. Ein Blattwechsel ist nicht notwendig, da maximal 50 Karten eingegeben werden.

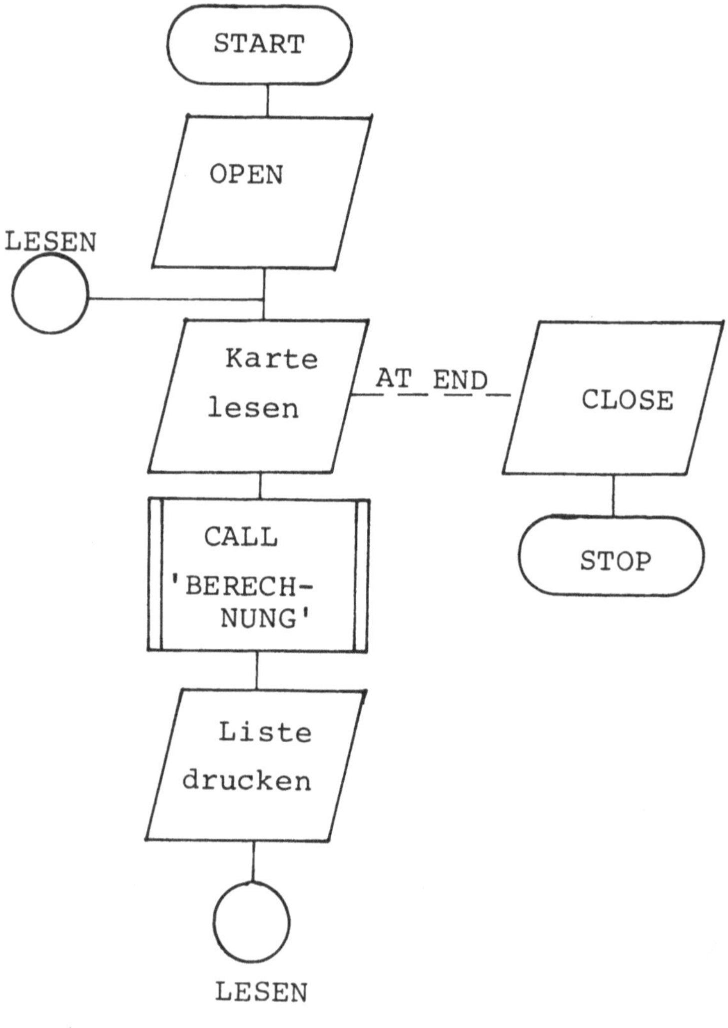

Abb. 37a: Programmablaufplan zu Aufgabe 8 (Hauptprogramm)

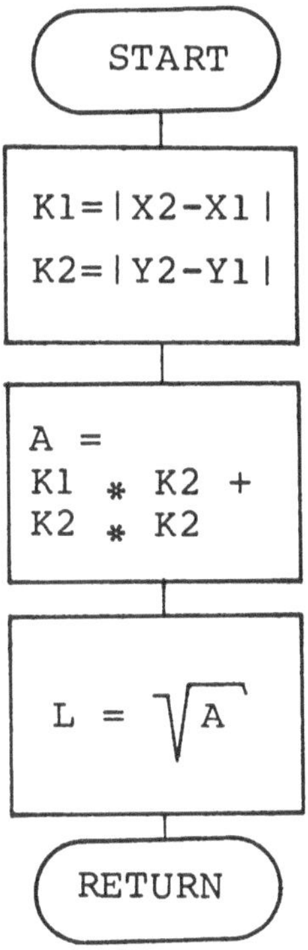

K1 und K2 sind Absolutwerte, d.h. immer positiv

Abb. 37b: Programmablaufplan zu Aufgabe 8 (Unterprogramm)

Abb. 38a: COBOL-Programm zu Aufgabe 8 (Hauptprogramm)

```
001010 IDENTIFICATION DIVISION.
001020 PROGRAM-ID.   'AUFG-8H'.
001030 REMARKS.      HAUPTPROGRAMM ZU AUFG-8; LAENGENBERECHNUNG.

001050 ENVIRONMENT DIVISION.
001060 INPUT-OUTPUT SECTION.
001070 FILE-CONTROL.
001080     SELECT KARTE ASSIGN TO 'SYS020' UNIT-RECORD LESER-1.
001090     SELECT LISTE ASSIGN TO 'SYS021' UNIT-RECORD DRUCKER-1.

001110 DATA DIVISION.
001120 FILE SECTION.
001140 FD  KARTE RECORDING F  LABEL RECORD OMITTED
001150     DATA RECORD K-SATZ.
001170 01  K-SATZ.
001180   02 K-X1           PICTURE 9(6).
001190   02 FILLER         PICTURE X.
001200   02 K-Y1           PICTURE 9(6).
001210   02 FILLER         PICTURE X.
001220   02 K-X2           PICTURE 9(6).
```

```
001230    02 FILLER          PICTURE X.
001240    02 K-Y2            PICTURE 9(6).
002010 FD  LISTE RECORDING F LABEL RECORD OMITTED
002020     DATA RECORD ZEILE.
002040 01  ZEILE.
002050    02 FILLER          PICTURE X(9).
002060    02 Z-X1            PICTURE Z(5)9.
002070    02 FILLER          PICTURE XX.
002080    02 Z-Y1            PICTURE Z(5)9.
002090    02 FILLER          PICTURE X(4).
002100    02 Z-X2            PICTURE Z(5)9.
002110    02 FILLER          PICTURE XX.
002120    02 Z-Y2            PICTURE Z(5)9.
002130    02 FILLER          PICTURE X(5).
002140    02 Z-LAENGE        PICTURE Z(5)9.
002170 WORKING-STORAGE SECTION.
002190 77  LAENGE            PICTURE 9(6)    VALUE ZERO.

003010 PROCEDURE DIVISION.
003020 START.
003030     OPEN INPUT KARTE   OUTPUT LISTE.
003040     MOVE SPACES TO ZEILE.   WRITE ZEILE AFTER 0.
003050 LESEN.
003060     READ KARTE AT END CLOSE KARTE LISTE  STOP RUN.
003080     ENTER LINKAGE.
003090     CALL 'BERECHNUNG'  USING K-X1  K-Y1  K-X2
003100                              K-Y2  LAENGE.
003110     ENTER COBOL.
003130 DRUCKEN.
003140     MOVE K-X1   TO Z-X1
003150     MOVE K-Y1   TO Z-Y1
003170     MOVE K-Y2   TO Z-Y2
003160     MOVE K-X2   TO Z-X2
003180     MOVE LAENGE TO Z-LAENGE.
003200     WRITE ZEILE AFTER 2     GO TO LESEN.
```

Abb. 38b: COBOL-Programm zu Aufgabe 8 (Unterprogramm)

```
001010 IDENTIFICATION DIVISION.
001020 PROGRAM-ID.  'AUFG-8U'.
001030 REMARKS.     UNTERPROGRAMM ZU AUFG-8; LAENGENBERECHNUNG.

001050 ENVIRONMENT DIVISION.

001070 DATA DIVISION.
001080 WORKING-STORAGE SECTION.
001100 77  K1        PICTURE  9(6).
001110 77  K2        PICTURE  9(6).
001120 77  A         PICTURE S9(12).
001130 77  X1        PICTURE S9(11)V9.
001140 77  XI        PICTURE S9(11)V9.
001150 77  DELTA     PICTURE S9(3)V99.
001190 LINKAGE SECTION.
```

```
77   X1-WERT    PICTURE 9(6).
77   X2-WERT    PICTURE 9(6).
77   Y1-WERT    PICTURE 9(6).
77   Y2-WERT    PICTURE 9(6).
77   L          PICTURE 9(6).

PROCEDURE DIVISION.
     ENTER LINKAGE.
     ENTRY 'BERECHNUNG' USING X1-WERT, Y1-WERT, X2-WERT,
                              Y2-WERT, L.
     ENTER COBOL.
START.
     COMPUTE K1 = X2-WERT - X1-WERT.
     COMPUTE K2 = Y2-WERT - Y1-WERT.
     COMPUTE A  = K1 * K1 + K2 * K2.
     COMPUTE X1 = (A + 1) / 2.
WURZEL.
     COMPUTE XI = (X1 + A / X1) / 2.
     COMPUTE DELTA = X1 - XI.
     IF DELTA < 0.1
         MOVE XI TO L
         GO TO SCHLUSS
     ELSE
         MOVE XI TO X1
         GO TO WURZEL.
SCHLUSS.
     ENTER LINKAGE.
     RETURN.
     ENTER COBOL.
```

Die Berechnung der Quadratwurzel wird nach folgender *Iterationsformel* (Newton'sche Näherungsformel) vorgenommen.

$$X = \sqrt{a}$$

$$X_{i+1} = \frac{1}{2}\left(X_i + \frac{a}{X_i}\right); \text{ wobei } X_1 = \frac{1}{2}(a + 1);$$

Die Annäherung an den gesuchten Wert sei beendet, wenn

$X_i - X_{i+1} < 0{,}1$ ist. X_{i+1} ist dann der gesuchte Wert.

Anhang A Musterlösungen der Übungsbeispiele

1. Lösung zu Übung 1

```
IDENTIFICATION DIVISION.
PROGRAM-ID.  'UEBUNG1'.
REMARKS.     BESTANDSFORTSCHREIBUNG.
ENVIRONMENT DIVISION.
INPUT-OUTPUT SECTION.
FILE-CONTROL.
    SELECT KARTE    ASSIGN TO 'SYS010' UNIT-RECORD LESER-1.
    SELECT LISTE    ASSIGN TO 'SYS011' UNIT-RECORD DRUCKER-1.
    SELECT ALT-BAND ASSIGN TO 'SYS012' UTILITY  BAND-1.
    SELECT NEU-BAND ASSIGN TO 'SYS013' UTILITY  BAND-1.
I-O-CONTROL.
    APPLY BL-ENDE TO FORM-OVERFLOW ON LISTE.
DATA DIVISION.
FILE SECTION.
FD  KARTE RECORDING F LABEL RECORD OMITTED
    DATA RECORD E-KARTE.
01  E-KARTE.
  02 E-KART-ART          PICTURE  XX.
  02 E-ART-NR            PICTURE  9(5).
  02 E-MENGE             PICTURE  9(5).
  02 Z-BESTAND           PICTURE  9.
    88  ZUGANG     VALUE 1.
    88  ABGANG     VALUE 2.
  02 FILLER              PICTURE  X(67).
FD  LISTE RECORDING F LABEL RECORD OMITTED
    DATA RECORD ZEILE.
01  ZEILE.
  02 FILLER              PICTURE  X(9).
  02 INHALT              PICTURE  X(38).
FD  ALT-BAND RECORDING F LABEL RECORD STANDARD
    BLOCK 20 RECORDS DATA RECORD ALT-SATZ.
01  ALT-SATZ.
  02 SATZ-ART            PICTURE  XX.
  02 ART-NR              PICTURE  9(5).
  02 ART-BEZ             PICTURE  X(15).
  02 MENGE               PICTURE  S9(5).
  02 EINZ-PREIS          PICTURE  9(3)V99.
FD  NEU-BAND RECORDING F LABEL RECORD STANDARD
    BLOCK 20 RECORDS DATA RECORD NEU-SATZ.
01  NEU-SATZ.
  02 FILLER              PICTURE  X(32).
WORKING-STORAGE SECTION.
77  UEBERSCHRIFT         PICTURE X(47)  VALUE '         ARTNR  ARTB
-'EZEICHNUNG    MENGE  EINZPR'.
01  ARTIKELZEILE.
  02 FILLER              PICTURE X(9)   VALUE SPACES.
  02 ART-NR              PICTURE 9(5).
  02 FILLER              PICTURE XX     VALUE SPACES.
  02 ART-BEZ             PICTURE X(15).
  02 FILLER              PICTURE X(3)   VALUE SPACES.
  02 MENGE               PICTURE -(4)9.
  02 FILLER              PICTURE XX     VALUE SPACES.
  02 EINZ-PREIS          PICTURE ZZ9.99.
PROCEDURE DIVISION.
ANFANG.
    OPEN INPUT KARTE ALT-BAND.
    OPEN OUTPUT LISTE NEU-BAND.
    MOVE UEBERSCHRIFT TO ZEILE.
```

```
004051      WRITE ZEILE   AFTER 0.
004052      MOVE SPACES TO INHALT.
004053      WRITE ZEILE   AFTER 1.
004060 LESEN-1.
004070      READ ALT-BAND  AT END GO TO ENDE.
004090 SCHALTER.
004100      GO TO LESEN-2.
004130 LESEN-2.
004140      READ KARTE AT END ALTER SCHALTER TO PROCEED TO AUSDRUCK
004150        GO TO AUSDRUCK.
004170 VERGLEICH.
004180      IF ART-NR IN ALT-SATZ = E-ART-NR
004190        PERFORM VERARBEITUNG THRU VERARB-ENDE
004200        GO TO LESEN-2.
004210      ALTER SCHALTER TO PROCEED TO VERGLEICH.
004230 AUSDRUCK.
004240      PERFORM DRUCKEN
004250      GO TO LESEN-1.
005010 ENDE.
005020      CLOSE KARTE LISTE ALT-BAND NEU-BAND
005030      STOP RUN.
005070 VERARBEITUNG.
005080      IF ZUGANG
005090        ADD E-MENGE TO MENGE OF ALT-SATZ
005100        GO TO VERARB-ENDE.
005120      SUBTRACT E-MENGE FROM MENGE IN ALT-SATZ.
005140 VERARB-ENDE. EXIT.
005160 DRUCKEN.
005170      IF BL-ENDE
005180        MOVE UEBERSCHRIFT TO ZEILE
005190        WRITE ZEILE AFTER 0
005200        MOVE  SPACES TO INHALT
005210        WRITE ZEILE AFTER 1.
005230      MOVE CORRESPONDING ALT-SATZ TO ARTIKELZEILE
005240      WRITE ZEILE FROM ARTIKELZEILE AFTER 1.
005250      WRITE NEU-SATZ FROM ALT-SATZ.
```

2. Lösung zu Übung 2

```
001010 IDENTIFICATION DIVISION.
001020 PROGRAM-ID.  'UEBUNG2'.
001030 REMARKS.      JAHRESLOHNSTEUER-BERECHNUNG.
001050 ENVIRONMENT DIVISION.
001060 INPUT-OUTPUT SECTION.
001070 FILE-CONTROL.
001080      SELECT KARTE ASSIGN TO 'SYS010' UNIT-RECORD LESER-1.
001090      SELECT LISTE ASSIGN TO 'SYS020' UNIT-RECORD DRUCKER-1.
001110 DATA DIVISION.
001120 FILE SECTION.
001140 FD  KARTE, RECORDING F, LABEL RECORD OMITTED,
001150     DATA RECORDS E-KARTE, V-KARTE.
001170 01  V-KARTE.
001180    02 V-FREIBETRAG        PICTURE S9(5).
001190    02 V-KLASSE            PICTURE  9.
001200    02 V-KINDER            PICTURE  9.
001210    02 FILLER              PICTURE  X(72).
001220    02 V-KA                PICTURE  9.
001240 01  E-KARTE.
001250    02 E-NUMMER            PICTURE  9(5).
001260    02 E-KLASSE            PICTURE  9.
```

```
    02 E-KINDER             PICTURE  9.
    02 E-LOHN               PICTURE  9(6)V99.
    02 FILLER               PICTURE  X(64).
    02 E-KA                 PICTURE  9.
FD  LISTE, RECORDING F, LABEL RECORD OMITTED,
     DATA RECORD ZEILE.
01  ZEILE.
    02 Z-NUMMER             PICTURE B9(5).
    02 Z-KLASSE             PICTURE BB9.
    02 Z-KINDER             PICTURE BB9.
    02 Z-LOHN               PICTURE BBZZZBZZ9.99.
    02 STEUERBETRAG         PICTURE BZZZBZZ9.
WORKING-STORAGE SECTION.
     77  KLASSE             PICTURE S9          COMPUTATIONAL.
     77  KINDER             PICTURE S99         COMPUTATIONAL.
     77  EINKOMMEN          PICTURE 9(6)V99     COMPUTATIONAL-3.
     77  VOLL-DM-BETRAG     PICTURE 9(6)        COMPUTATIONAL-3.
     77  X                  PICTURE 9(6)        COMPUTATIONAL-3.
     77  Y                  PICTURE 9(3)V999    COMPUTATIONAL-3.
     77  EST                PICTURE 9(5)        COMPUTATIONAL-3.
     01  FREIBETRAGS-TABELLE  COMPUTATIONAL-3.
       02 ST-KLASSE  OCCURS 6.
        03 ST-KINDER   OCCURS 10.
         04 FREIBETRAG  PICTURE S9(5).
PROCEDURE DIVISION.
ANFANG.
     OPEN INPUT KARTE, OUTPUT LISTE.
TABELLEN-AUFBAU.
     READ KARTE AT END GO TO ENDE.
     IF V-KA = 2 GO TO VERARBEITUNG-1.
     COMPUTE KLASSE = V-KLASSE.
     COMPUTE KINDER = V-KINDER + 1.
     MOVE V-FREIBETRAG TO FREIBETRAG (KLASSE, KINDER).
     GO TO TABELLEN-AUFBAU.
VERARBEITUNG.
     READ KARTE AT END GO TO ENDE.
     IF E-KA = 1
         DISPLAY 'VORLAUFKARTEN LIEGEN DURCHEINANDER' UPON CONSOLE
         GO TO ENDE.
VERARBEITUNG-1.
     IF E-KLASSE > 6
         DISPLAY 'ES WURDE EINE FALSCHE STEUERKLASSE BEI PERS-NR '
         E-NUMMER ' ANGEGEBEN ! ' UPON CONSOLE
         GO TO VERARBEITUNG.
     MOVE E-NUMMER TO Z-NUMMER
     MOVE E-KLASSE TO Z-KLASSE, KLASSE
     MOVE E-KINDER TO Z-KINDER, KINDER
     MOVE E-LOHN   TO Z-LOHN, EINKOMMEN.
     ADD 1 TO KINDER.
     COMPUTE  EINKOMMEN = EINKOMMEN - FREIBETRAG (KLASSE KINDER).
     IF KLASSE > 2
         COMPUTE VOLL-DM-BETRAG = EINKOMMEN / 2  ELSE
         COMPUTE VOLL-DM-BETRAG = EINKOMMEN.
     IF  VOLL-DM-BETRAG NOT > 48000    PERFORM RUNDEN-1
     ELSE PERFORM RUNDEN-2.
     IF X < 1710    GO TO FORMEL-1.
     IF X < 8010    GO TO FORMEL-2.
     IF X < 30000   GO TO FORMEL-3.
     IF X < 78000   GO TO FORMEL-4.
     IF X < 110040  GO TO FORMEL-5.
     GO TO FORMEL-6.
RUNDEN-1.
     COMPUTE X = VOLL-DM-BETRAG / 30.
```

```
           COMPUTE X = X * 30.
       KUNDEN-2.
           COMPUTE X = VOLL-DM-BETRAG / 60.
           COMPUTE X = X * 60.
       FORMEL-1.
           COMPUTE EST = 0    GO TO AUSGABE.
       FORMEL-2.
           COMPUTE EST = 0.19 * X - 319.20.
           GO TO AUSGABE.
       FORMEL-3.
           COMPUTE Y = (X - 8000) / 1000.
           COMPUTE EST = -0.086 * Y ** 3 + 7.764 * Y ** 2
                         + 190 * Y + 1201.
           GO TO AUSGABE.
       FORMEL-4.
           COMPUTE Y = (X - 30000) / 1000.
           COMPUTE EST = -0.012 * Y ** 3 + 1.82 * Y ** 2
                         + 407 * Y + 8223.
           GO TO AUSGABE.
       FORMEL-5.
           COMPUTE Y = (X - 24000) / 1000.
           COMPUTE EST = -0.006 * Y ** 3 + 1.572 * Y ** 2
                         + 382 * Y + 6358.
           GO TO AUSGABE.
       FORMEL-6.
           COMPUTE EST = 0.53 * X - 11281.
           GO TO AUSGABE.
       AUSGABE.
           IF KLASSE > 2   COMPUTE EST = EST * 2.
           MOVE EST TO STEUERBETRAG.
           WRITE ZEILE   GO TO VERARBEITUNG.
       ENDE. CLOSE KARTE, LISTE; STOP RUN.
```

3. Lösung zu Übung 3

```
       IDENTIFICATION DIVISION.
       PROGRAM-ID.  'UEBUNG3'.
       REMARKS.     AENDERUNGSDIENST (INDEX-SEQUENTIELLE  VERARBEITUNG).
       ENVIRONMENT DIVISION.
       INPUT-OUTPUT SECTION.
       FILE-CONTROL.
           SELECT AENDERUNG ASSIGN TO 'SYS010' UNIT-RECORD LESER-1.
           SELECT BESTAND   ASSIGN TO 'SYS011' DIRECT-ACCESS PLATTE-1
                ORGANIZATION INDEXED
                ACCESS RANDOM
                RESERVE NO
                RECORD KEY     KUND-NR
                SYMBOLIC KEY   SUCHARG.
       DATA DIVISION.
       FILE SECTION.
       FD  AENDERUNG, RECORDING F, LABEL RECORD OMITTED,
           DATA RECORD E-KARTE.
       01  E-KARTE.
         02 E-KART-ART          PICTURE 9.
         02 E-KUND-NR           PICTURE 9(5).
         02 E-ANSCHRIFT         PICTURE X(50).
       FD  BESTAND, RECORDING F, LABEL RECORD STANDARD,
           BLOCK 5 RECORDS, DATA RECORD BESTAND-SATZ.
       01  BESTAND-SATZ.
         02 KENNZEICHEN         PICTURE X.
         02 KUND-NR             PICTURE 9(5).
```

```
    02 ANSCHRIFT           PICTURE X(50).
    02 LEER                PICTURE X(44).
WORKING-STORAGE SECTION.
77  SUCHARG                PICTURE 9(5).
PROCEDURE DIVISION.
ANFANG.
    OPEN INPUT AENDERUNG, I-O BESTAND.
LESEN.
    READ AENDERUNG AT END CLOSE AENDERUNG BESTAND STOP RUN.
    MOVE E-KUND-NR TO SUCHARG.
    IF E-KART-ART = 3  GO TO NEUZUGANG.
    READ BESTAND INVALID KEY GO TO MELDUNG.
    IF E-KART-ART = 2  MOVE HIGH-VALUE TO KENNZEICHEN
      ELSE MOVE E-ANSCHRIFT TO ANSCHRIFT.
    REWRITE BESTAND-SATZ.
    GO TO LESEN.
NEUZUGANG.
    MOVE SPACES TO KENNZEICHEN, LEER.
    MOVE E-ANSCHRIFT TO ANSCHRIFT
    MOVE E-KUND-NR TO KUND-NR
    WRITE BESTAND-SATZ INVALID KEY GO TO MELDUNG.
    GO TO LESEN.
MELDUNG.
    IF E-KART-ART = 3
      DISPLAY ' DOPPELTER SATZ ' E-KUND-NR UPON CONSOLE
      ELSE
      DISPLAY ' SATZ NICHT GEFUNDEN ' E-KUND-NR UPON CONSOLE.
    GO TO LESEN.
```

4. Lösung zu Übung 4

```
IDENTIFICATION DIVISION.
PROGRAM-ID.  'UEBUNG4'.
REMARKS.     REORGANISIERUNG EINER INDEX-DATEI.
ENVIRONMENT DIVISION.
INPUT-OUTPUT SECTION.
FILE-CONTROL.
    SELECT BESTAND ASSIGN TO 'SYS010' DIRECT-ACCESS PLATTE-1
        ORGANIZATION INDEXED
        RESERVE NO
        RECORD KEY  KUND-NR.
    SELECT NEU-BEST ASSIGN TO 'SYS011' DIRECT-ACCESS PLATTE-1
        ORGANIZATION INDEXED
        RESERVE NO
        RECORD KEY N-KUND-NR.
DATA DIVISION.
FILE SECTION.
FD  BESTAND RECORDING F LABEL RECORD STANDARD
    BLOCK 5 RECORDS DATA RECORD BESTAND-SATZ.
01  BESTAND-SATZ.
  02 KENNZEICHEN           PICTURE X.
  02 KUND-NR               PICTURE 9(5).
  02 FILLER                PICTURE X(94).
FD  NEU-BEST RECORDING F LABEL RECORD STANDARD
    BLOCK 5 RECORDS DATA RECORD NEU-BEST-SATZ.
01  NEU-BEST-SATZ.
  02 N-KENNZEICHEN         PICTURE X.
  02 N-KUND-NR             PICTURE 9(5).
```

```
  02 FILLER            PICTURE X(94).
PROCEDURE DIVISION.
START.
     OPEN INPUT BESTAND OUTPUT NEU-BEST.
LESEN.
     READ BESTAND AT END GO TO ENDE.
     IF KENNZEICHEN = HIGH-VALUE GO TO LESEN.
     WRITE NEU-BEST-SATZ FROM BESTAND-SATZ.
     GO TO LESEN.
ENDE. CLOSE BESTAND NEU-BEST;    STOP RUN.
```

Anhang B COBOL – Schlüsselwörter (Diese Wörter sind reserviert und dürfen vom Programmierer nicht als Datennamen verwendet werden.)

*DEBUG
ACCEPT
ACCESS
ACTUAL
ADD
ADVANCING
AFTER
ALL
ALPHABETIC
ALPHANUMERIC
ALTER
ALTERNATE
AN
AND
APPLY
ARE
AREA
AREAS
ASCENDING
ASSIGN
AT
AUTHOR

BEFORE
BEGINNING
BLANK
BLOCK
BLOCK-DENSITY
BY

CALL
CARD-PUNCH
CARD-READER
CBL-CTR
CF
CH
CHANGED
CHARACTERS
CHECKING
CHECKPOINT
CLASS
CLOCK-UNITS
CLOSE
COBOL
CODE
COLUMN
COMMA
COMPUTATIONAL
COMPUTATIONAL-1
COMPUTATIONAL-2
COMPUTATIONAL-3
COMPUTE
CONFIGURATION
CONSOLE
CONTAINS
CONTROL
CONTROLS
COPY
CORRESPONDING
CREATING
CYCLES
CYLINDER-OFLO

DATA
DATE-COMPILED
DATE-WRITTEN
DE
DECIMAL-POINT
DECLARATIVES
DEPENDING
DESCENDING
DETAIL
DIGITS
DIRECT
DIRECT-ACCESS
DISPLAY
DISPLAY-ST
DIVIDE
DIVISION
DOWN

ELSE
END
ENDING
ENTER
ENTRY
ENVIRONMENT
EQUAL
ERROR
EVERY
EXAMINE
EXHIBIT
EXIT
EXTENDED

FD
FILE
FILES
FILE-CONTROL
FILE-LIMIT
FILLER
FINAL
FIRST
FOOTING
FOR
FORM-OVERFLOW
FROM

GENERATE
GIVING
GO

GREATER
GROUP

HEADING
HIGH-VALUE
HIGH-VALUES
HOLD

ID
IDENTIFICATION
IF
IN
INCLUDE
INDEX
INDEXED
INDICATE
INITIATE
INPUT
INPUT-OUTPUT
INSTALLATION
INTO
INVALID
I-O
I-O-CONTROL
IS

JUSTIFIED

KEY

LABEL
LABELS
LAST
LEADING
LEFT
LESS
LIBRARY
LIMIT
LIMITS
LINE
LINE-COUNTER
LINES
LINKAGE
LOCATION
LOCK
LOG
LOW-VALUE
LOW-VALUES

MINUS
MODE
MORE-LABELS
MOVE
MULTIPLE
MULTIPLY
NAMED
NEGATIVE
NEXT
NO
NOT
NOTE
NUMERIC

OBJECT-COMPUTER
OCCURS
OF
OH
OMITTED
ON
OPEN
OR
ORGANIZATION
OTHERWISE
OUTPUT
OV
OVERFLOW

PAGE
PAGE-COUNTER
PERFORM
PF
PH
PICTURE
PLUS
POSITIVE
PRINTER
PRINT-SWITCH
PROCEDURE
PROCEED
PROCESS
PROCESSING
PROGRAM-ID
PROTECTION

QUOTE
QUOTES

RANDOM
RCA-SPECTRA
RD
READ
READY
RECORD
RECORDING
RECORDS
REDEFINES
REEL
RELATIVE
RELEASE
REMARKS
RENAMES
REPLACING
REPORT
REPORTING
REPORTS
RERUN
RESERVE
RESET
RESTRICTED
RETURN

REVERSED
REWIND
REWRITE
RF
RH
RIGHT
ROUNDED
RUN

SA
SAME
SD
SEARCH
SECTION
SECURITY
SELECT
SENTENCE
SEQUENTIAL
SET
SIGNED
SIZE
SORT
SOURCE
SOURCE-COMPUTER
SPACE
SPACES
SPECIAL-NAMES
STANDARD
STOP
SUBTRACT
SUM
SYMBOLIC
SYNCHRONIZED
SYSIN
SYSIPT
SYSLST
SYSOPT
SYSOUT
SYSPUNCH

TALLY
TAPE
TAPES
TALLYING
TERMINATE
THAN
THEN
THROUGH
THRU
TIMES
TO
TODAYS-DATE
TRACE
TRACK-AREA
TRACKS
TRANSFORM
TRY
TYPE

UNIT
UNIT-RECORD
UNITS
UNTIL
UP
UPON
USAGE
USE
USING
UTILITY

VALUE
VALUES
VARYING

WHEN
WITH
WITHOUT
WORKING-STORAGE
WRITE
WRITE-ONLY

ZERO
ZEROES
ZEROS

Diese Aufstellung ist nicht ganz vollständig, da einige Compiler-Hersteller noch weitere Begriffe als Schlüsselwörter benutzen. Es ist darum im Zweifelsfall auf die Handbücher der Hersteller zurückzugreifen.

Anhang C Zusammenstellung aller in diesem Buch besprochen COBOL-Anwendungen

```
IDENTIFICATION DIVISION.
    PROGRAM-ID. 'program-name'.
    [AUTHOR. sentence...]
    [INSTALLATION. sentence...]
    [DATE-WRITTEN. sentence...]
    [DATE-COMPILED. sentence...]
    [SECURITY. sentence...]
    [REMARKS. sentence...]
ENVIRONMENT DIVISION.
  [CONFIGURATION SECTION.
    [SOURCE-COMPUTER. model-name model-number.]
    [OBJECT-COMPUTER. model-name model-number.]  ]

  [INPUT-OUTPUT SECTION.
  FILE-CONTROL.
    SELECT file-name

                                 { DIRECT-ACCESS }
       ASSIGN TO external-name   { UTILITY       }  divice-number UNIT [S]
                                 { UNIT-RECORD   }
                 { NO       }
       [RESERVE  { interger }  ALTERNATE AREA [S]]

       [ACCESS IS { SEQUENTIAL } ]
                  { RANDOM     }

       [ORGANIZATION IS INDEXED]

       [SYMBOLIC KEY IS data-name]
       [RECORD KEY IS data-name]  ]

  [I-O CONTROL.
     [APPLY overflow-name TO FORM-OVERFLOW ON file-name. ] ]

DATA DIVISION.
   FILE SECTION.
     FD file-name
                                       { CHARAKTERS }
        [BLOCK CONTAINS integer        { RECORDS    } ]
```

```
[RECORDING MODE IS { U | F | V } ]
[RECORD CONTAINS [integer-1 TO] integer-2 CHARACTERS]
LABEL { RECORD IS | RECORDS ARE } { STANDARD | OMITTED | data-name }

DATA { RECORDS ARE | RECORD IS }

Record Description Entry.

WORKING-STORAGE SECTION.
    Record Description entries.

LINKAGE SECTION.
    Record Description entries.

level-number { data-name | FILLER }

    [ PICTURE IS { alpha-form | an-form | numeric-form | list-form } ]

    [OCCURS integer TIMES    [DEPENDING ON data-name ]]
    [JUSTIFIED RIGHT]
    [BLANK WHEN ZERO]
    [VALUE IS literal]
    [ USAGE IS { DISPLAY | COMPUTATIONAL | COMPUTATIONAL-1 | COMPUTATIONAL-2 | COMPUTATIONAL-3 } ]

PROCEDURE DIVISION.
    CONDITIONALS.
        IF STATEMENT.

    IF condition [THEN] { statement-1 . . . | NEXT SENTENCE } { ELSE | OTHERWISE } { statement-2 . . . | NEXT SENTENCE }
```

Relation Test.

```
                                       { >                  } { data-name-2            }
{ data-name-1                }         { <                  } { arithmetic             }
{ arithmetic-expression-1    } IS [NOT]{ =                  } { expression-2           }
{ figurative-constant-1      }         { GREATER THAN       } { figurative             }
{ literal-1                  }         { LESS THAN          } { constant-2             }
                                       { EQUAL TO           } { literal-2              }
```

Sign Test.

```
{ data-name              }           { POSITIVE }
{ arithmetic-expression  }  IS [NOT] { ZERO     }
                                     { NEGATIVE }
```

Class Test.

```
data-name IS [NOT] { NUMERIC    }
                   { ALPHABETIC }
```

Condition Name Test.

```
[NOT] condition-name
```

Overflow Test.

```
[NOT] overflow name
```

Open and Close Statements.

```
       { INPUT  file-name ...                                }
       {    [OUTPUT file-name ...]                           }
       {       [I-O file-name ...]                           }
       { OUTPUT file-name ...                                }
OPEN   {    [INPUT file-name ...]                            }
       {       [I-O file-name ...]                           }
       { I-O file-name ...    [OUTPUT file-name ...]         }
       {    [INPUT file-name ...]                            }
CLOSE  file-name ...
```

Input/Output verbs

```
READ  file-name RECORD [INTO data-name] AT END
      imperative statement...

READ  file-name RECORD [INTO data name]
      { AT END      }
      { INVALID KEY } imperative-statement...

WRITE record-name   [FROM data-name-1]
      INVALID KEY imperative-statement...]

WRITE record name   [FROM data-name-1]
      [AFTER ADVANCING { data-name-2 } LINES]
                       { integer     }
```

permissible values for *data-name-2*

Value	Interpretation
b (blank)	single spacing
0	double spacing
–	triple spacing
+	suppress spacing
1 through 9	skip to channels 1 through 9, respectively
A, B, C,	skip to channels 10, 11, 12, respectively

Permissible *Integer*

0 – skip to next-page
1 – skip 1 line
2 – skip 2 lines
3 – skip 3 lines

```
REWRITE record-name [FROM data-name]
          [INVALID KEY imperative-statement . . .]

DISPLAY { data-name } . .  [UPON CONSOLE]
        { literal   }

ACCEPT  data-name  [FROM CONSOLE]
```

Data Manipulation Verbs

```
MOVE { data-name-1 }  TO  data-name-2 . . .
     { literal     }
```

Option 1

```
                                  { ALL         }
EXAMINE data-name  TALLYING       { LEADING     }  'character-1'
                                  { UNTIL FIRST }

          [REPLACING BY 'character-2']
```

Option 2

```
                                  { ALL         }
EXAMINE data-name  REPLACING      { LEADING     }  'character-1'
                                  { UNTIL FIRST }
                                  { FIRST       }

          BY 'character-2'
```

Arithmetic Verbs

```
    { numeric-literal        }
ADD { floating-point-literal } . . . { TO     } data-name-n
    { data-name-1            }       { GIVING }
```

```
          [ROUNDED]    [ON SIZE ERROR imperative-statement . . . ]

         ⎧ data-name-1                 ⎫
SUBTRACT ⎨ numeric-literal-1           ⎬     . . .
         ⎩ floating-point-literal-1    ⎭

         ⎧ data-name-m      [GIVING data-name-n]          ⎫
  FROM   ⎨ numeric-literal-m  [GIVING data-name-n]        ⎬
         ⎩ floating-point-literal-m GIVING data-name-n    ⎭

          [ROUNDED]    [ON SIZE ERROR imperative-statement . . .]

         ⎧ data-name-1                 ⎫
MULTIPLY ⎨ numeric-literal-1           ⎬
         ⎩ floating-point-literal-1    ⎭

         ⎧ data-name-2    [GIVING data-name-3]            ⎫
  BY     ⎨ numeric-literal-2 GIVING data-name-3           ⎬
         ⎩ floating-point-literal-2 GIVING data-name-3    ⎭

          [ROUNDED]    [ON SIZE ERROR imperative-statement . . .]

         ⎧ data-name-1                 ⎫
DIVIDE   ⎨ numeric-literal-1           ⎬
         ⎩ floating-point-literal-1    ⎭

         ⎧ data-name-2    [GIVING data-name-3]            ⎫
  INTO   ⎨ numeric-literal-2  GIVING data-name-3          ⎬
         ⎩ floating-point-literal-2  GIVING data-name-3   ⎭

          [ROUNDED]    [ON SIZE ERROR imperative-statement . . . ]
                                       ⎧ data-name-2              ⎫
COMPUTE    data-name-1  [ROUNDED] =    ⎨ numeric-literal          ⎬
                                       ⎨ floating-point-literal   ⎬
                                       ⎩ arithmetic-expression    ⎭

      [ON SIZE ERROR imperative-statement . . . ]
```

Procedure Branching Statements.

```
          STOP ⎧ RUN     ⎫
               ⎩ literal ⎭
```

Option 1

```
GO TO  procedure-name
```

Option 2

procedure-name-1. GO TO *procedure-name 2*

ALTER [*procedure-name-1* TO PROCEED TO *procedure-name-2*] . . .

Option 1

PERFORM *procedure-name-1* [THRU *procedure-name-2*]

Option 2

PERFORM *procedure-name-1* [THRU *procedure-name-2* { *integer* | *data-name* } TIMES

Option 3

PERFORM *procedure-name-1* [THRU *procedure-name-2*]
UNTIL *test-condition*

Option 4

PERFORM *procedure-name-1* [THRU *procedure-name-2*]
VARYING *data-name-1* FROM { *numeric-literal-2* | *data-name 2* }
BY { *numeric-literal-3* | *data-name-3* } UNTIL *test-condition-1*
[AFTER *data-name-7* FROM { *numeric-literal-4* | *data-name-5* }
BY { *numeric-literal-6* | *data-name-6* } UNTIL *test-condition-2*
[AFTER *data-name-4* FROM { *numeric-literal-8* | *data-name-8* }
BY { *numeric-literal-9* | *data-name-9* } UNTIL *test-condition-3*

Compiler-Directing Statements.

ENTER LINKAGE.
CALL *entry-name* [USING *argument* . . .].
ENTER COBOL.

ENTER LINKAGE.
ENTRY *entry-name* [USING *data-name* . . .] .
ENTER COBOL.

ENTER LINKAGE.
RETURN.
ENTER COBOL.

EXIT Statement.
paragraph-name. EXIT.

NOTE Statement.

NOTE *comment* . . .

Anhang D Zulässige Datenübertragungen

X möglich
– nicht möglich

Sendebereich \ Empfangsbereich	Daten-Gruppe	Alphabetisch	Alphanumerisch	Extern dezimal	Intern dezimal	Binär	Extern Gleitkomma	Intern Gleitkomma	Listdaten (Druckaufbereit.)
Daten-Gruppe	X	X	X	–	–	–	–	–	–
Alphabetisch	X	X	X	–	–	–	–	–	–
Alphanumerisch	X	X	X	–	–	–	–	–	–
Extern dezimal	X	–	X[1]	X	X	X	X	X	X
Intern dezimal	X	–	X[1]	X	X	X	X	X	X
Binär	X	–	X[1]	X	X	X	X	X	X
Extern Gleitkomma	X	–	–	X	X	X	X	X	X
Intern Gleitkomma	X	–	–	X	X	X	X	X	X
Listdaten (Druckaufbereit.)	X	–	X	–	–	–	–	–	–
ZEROS	X	–	X	X	X	X	X	X	X
SPACES	X	X	X	–	–	–	–	–	–
QUOTES	X	–	X	–	–	–	–	–	–
ALL 'Literal'	X	X[2]	X	–	–	–	–	–	–

1) gilt nur für ganzzahlige Werte

2) nur wenn das Literal alphabetisch ist

Stichwortverzeichnis

ACCEPT-Befehl 92, 93
ADD-Befehl 73, 76, 77
AFTER 70, 71
ALTER-Befehl 93
ASSEMBLER 5
ausführbares Programm 7

Bedingte Anweisung 52
Bedingungsnahme 27, 28, 42
Bedingungsnamentest 68, 69
Bedingungsvariable 27, 28
BEFORE 70, 71
Betriebssystem 4
binär 6, 31, 32, 33, 35
Binder 7
bit 5
BLANK WHEN ZERO-Klausel 63
block 38
BLOCK CONTAINS-Klausel 39
Byte 4, 6, 31, 32, 33, 34

CALL 134, 136
character 5, 37, 38, 39
CLOSE-Befehl 48, 49
COBOL-Anweisung 52, 81
COBOL-Programmsatz 22, 81
COBOL-Programmschema 19, 20
COBOL-Wörter 12
COBOL-Zeichenvorrat 11, 12
CODASYL 1, 2
Compiler 7, 12, 13, 21
COMPUTATIONAL 31, 33
COMPUTATIONAL-1 31, 34
COMPUTATIONAL-2 31, 34
COMPUTATIONAL-3 31, 35, 36
COMPUTE-Befehl 80
CONFIGURATION SECTION 23, 24
CORRESPONDING 89, 90

DATA DIVISION 11, 13, 24
DATA RECORD-Klausel 40
Datei 14, 15
Dateierklärung 38, 40
Dateiname 14
Datenelement 26
Datenelementerklärung 27, 42
Datenfeld 13
Datengruppe 25, 26
Datenname 13
Datensatzerklärung 25, 42
Datensatzname 14
DIRECT-ACCESS 40, 54, 122, 123, 124
DISPLAY-Befehl 91, 92, 93
DISPLAY-Darstellung 31, 32
DIVIDE-Befehl 79, 80

EBCDI-Code 5, 6, 31
EDV-Anlage 3, 4
EDV-Generation 3, 4
ENTER-Befehl 135, 136
entpackte Zahl 35
ENTRY 134, 136
ENVIRONMENT DIVISION 11, 23, 53
EXAMINE-Befehl 94, 95
Exponent 34
externer Name 22, 54

figurative Konstante 57, 58
File Description 38
FILE SECTION 25, 37, 42
FILLER 56, 57
Flußdiagramm 8
Formularendetest 69, 70

gepackte Zahl 35
GO TO-Befehl 50

Halbbyte 6, 31, 32
Hauptprogramm 43, 134, 136, 137, 140
hexadezimal 6, 31, 32
höhere Programmiersprache 6, 7

IDENTIFICATION DIVISION 11, 21, 53
IF-Befehl 65, 66, 67
Index-Methode 121
indexsequentiell 121, 127
Indizierung 100, 110, 111, 112
input 3
INPUT-OUTPUT SECTION 23, 24, 53
INVALID KEY 122, 124, 125

JUSTIFIED RIGHT 37, 51

Kapitel 15, 83, 84, 86
Klassentest 67, 68
Komma 60

LABEL RECORD-Klausel 39

Linkage Editor 7, 22
LINKAGE SECTION 25, 42, 43, 137
Literal 15, 16, 36, 37, 57, 95, 97, 98

Mantisse 34
Marke 15, 48, 52, 82
Maschinencode 5
MOVE-Befehl 50, 57, 87
MULTIPLY-Befehl 78, 79

NOTE-Befehl 97
Nullenunterdrückung 61

Objekt-Programm 7
OCCURS-Klausel 100, 107, 110
OMITTED 40
OPEN-Befehl 48, 49, 122, 123, 124
output 3

Paragraph 15, 52, 82, 83, 84, 86
PERFORM-Befehl 84, 85, 86, 89, 113
PICTURE-Klausel 28, 32, 33, 35, 36, 51
PROCEDURE DIVISION 11, 44
Programmablaufplan 8, 10, 47, 63, 64, 74, 88, 102, 103, 115, 126, 128, 129
Programmausführungsstufen 7
Programm-Schleife 112, 113
Programmier-Wörter 13, 18
Prozedur 84, 85
Prozedurname 15

Quellenprogramm 7

READ-Befehl 49
Rechendezimalpunkt 16, 29, 30, 59
Rechenwerk 3, 4
record 37, 38, 39
RECORD CONTAINS-Klausel 39
RECORD KEY 121, 122
RECORDING MODE-Klausel 39
REPLACING 94, 95, 96
RETURN 135, 136
ROUNDED 76, 77, 78, 79, 80

Satzschlüssel 121
Schlüsselwörter 13, 17
SELECT-Klausel 39, 54, 122, 123, 124
sequentiell 40, 45, 49
SET-Befehl 111, 112
SIZE ERROR 76, 77, 78, 79, 80
Source-Programm 7
Speicher 3, 4
SPECIAL-NAMES 60
STANDARD 40
Sternschutzschreibung 61
Steuerwerk 3, 4
STOP-Befehl 52
Stufenkonzept 25
Subskribierung 100, 107, 110
SUBTRACT-Befehl 77, 78

Tabelle 100, 107, 108, 109
TALLYING 94, 96

Übersetzer 7
Unbedingte Anweisung 52
UNIT-RECORD 40, 54
Unterprogramm 43, 134, 136, 137, 141
USAGE-Klausel 30, 31, 33
UTILITY 40, 54

VALUE-Klausel 36, 37, 57
VARYING 113, 114
Vergleichstest 65, 66
Vorzeichen 32, 33, 34, 35, 61, 62
Vorzeichentest 67

Wahlwörter 13, 17
Wiederholungsfaktor 29, 30
WORKING-STORAGE SECTION 25, 42
WRITE-Befehl 49

Zeilensteuerung 70, 71
Zentraleinheit 3